师生自主间性论纲

周英杰 / 著

SHISHENG
ZIZHUJIANXING LUNGANG

知识产权出版社
全国百佳图书出版单位

图书在版编目（CIP）数据

师生自主间性论纲/周英杰著. —北京：知识产权出版社，2018.1
ISBN 978–7–5130–4919–1

Ⅰ.①师… Ⅱ.①周… Ⅲ.①师生关系—研究 Ⅳ.①G456

中国版本图书馆 CIP 数据核字（2018）第 021136 号

责任编辑：申立超	责任校对：潘凤越
文字编辑：王小玲	责任出版：刘译文

师生自主间性论纲

周英杰　著

出版发行：知识产权出版社有限责任公司	网　　址：http://www.ipph.cn
社　　址：北京市海淀区气象路50号院	邮　　编：100081
责编电话：010–82000860 转 8340	责编邮箱：shen_lichao@163.com
发行电话：010–82000860 转 8101/8102	发行传真：010–82000893/82005070/82000270
印　　刷：北京科信印刷有限公司	经　　销：各大网上书店、新华书店及相关专业书店
开　　本：720mm×1000mm　1/16	印　　张：13.25
版　　次：2018年1月第1版	印　　次：2018年1月第1次印刷
字　　数：210千字	定　　价：36.00元

ISBN 978-7-5130-4919-1

出版权专有　侵权必究
如有印装质量问题，本社负责调换。

序

近代社会以来，丰富人类生命，追求人的自主性，始终是教育学科研究的核心问题之一。但不无遗憾的是，现实的教育和教学实践似乎没有完全秉承这一宗旨，对师生自主性的看法各异：热心者有之，冷漠甚至轻视者亦有之。原因甚多，要者之一是部分教师对师生自主性关系认识不足。相关理论尤其缺乏。这部《师生自主间性论纲》的面世，正好在这方面起了弥补作用。作者从哲学、教育学和心理学等领域广集相关思想与论据，综合师生自主性的特点与发展，为深入研究师生自主间性开辟了宽广的视野。

该著以"主体间性"和"关系自主性"为出发点，通过合理演绎建构起"自主间性"的概念即交互主体就个人自主达成共识，并合理地表现个人自主，形成不同主体"自主域"融合的状态。自主间性概念的创立为相应领域的学术创新提供了实实在在的起点。以此为基础，作者阐述了自主间性的基本特征、存在场域和行动诉求。这主要表现在自主间性具有内在的耦合性和外在的适应性等属性，内含你—我自主、群—己自主的双重协同，存于团体活动和个己观念等场域，包括交往主体达成个人自主的共识，尊重与支持各方自主的表达等诉求。

该著从儿童发展的视角描绘了师生自主间性的相对理想状态。以学生自主性素养发展作为旨归，以关于个人自主的存异性共识作为行动基础，以问题化课堂作为生成环境。突出了以问题解决为线索对师生自主间性的组成要素（学生自主、教师自主、课程内容和课堂规则）进行分析的主线，结合自我调节理论和活动理论构建了教师自主表达和学生自主发展的行动机制，进而揭示了师生自主间性蕴含的教师自主性和学生自主性的辩证关系，使得师生自主间性的优化实践具有了理论根据。

该著既尊重历史与现实，又放眼远大未来，所研究的主题与时代发展趋势非常合拍。当代以深度学习为根本标志的人工智能快速发展，而人工智能的核心问题之一是机器的自主学习与自主思维。这反映到现实教育与教学中，就是要抓紧开发师生的自主性。这种自主性的合理发展和发挥离不开自主间性的支持与约束。由此看来，该著是一本彰显时代精神，紧贴教育实际，与地气相通的价值不菲的专著。

十分荣幸，本人作为该著的第一读者，对"主体间性"这一概念的面世和相应的论证不无感触。因为这是一个迄今国外未见国内首见的概念，对之合理性曾有争议。其实，创新的境界，就是要"鸣别人所不鸣，为他人所不为"。对一种客观存在的现象、事实和规律，只有在别人没有发现或不在意时揭示它才有真正的首创意义。

因此，该著也许存在不周之处，个别难以令人满意的地方是可以理解的。毕竟走前人没有走过的路，有更多的荆棘和壕堑。

熊川武
2017 年 12 月

摘 要

现实教学对师生自主（性）的开发大异：热心者有之，冷漠甚至轻视者亦有之。原因甚多，要者之一是对师生自主关系的认识不足。为深入研究，本文以"主体间性"为理论源泉，以"自主间性"为核心概念，以"问题解决"为基本论域，以理论思辨为研究方式，从内涵到外延，到机制，再到实践，逐步展开讨论。

自主间性是指交互主体就个人自主达成共识，依之合理表现个己自主，支持各方自主协同性生成的融合状态。作为内含并超越个人自主的产物，自主间性内含着你—我自主、群—己自主的双重协同，存于团体活动和个己观念等场域，内含达成个人自主的共识、尊重与支持各方自主的表达等行动诉求。自主间性是关系性自主的耦合产物，是主体间性的核心内容，是共同体主义的实践诉求，其认知、行为和情感等维度以身体自主作为载体而合一。

学生自主的发展属性和教师自主的专业属性共同决定着师生自主间性的理想形态（或自主间性理念），即以学生自主性素养发展作为旨归；以关于个人自主的存异性共识作为行动基础；以问题化课堂作为生成环境（包括真实世界问题作为对象、形成认知问题作为起点，理解性对话作为方法）等。

鉴于问题情境是个人自主充分表现的场域，学生自主素养发展的主要途径是真实问题情境化解，教师自主的充分表现是依据课程内容指导学生设计和化解真实问题情境，因而，师生自主间性的面向对象是真实问题（内含学科问题、认知问题）及其化解。作为教学活动的要素，课程与问题解决存在紧密联系：其文本本源是人类真实问题的解决，其掌握过程是认知问题的解决，其学习基础是问题结构的理解。作为团体活动的重要组成，教师和学生需要建立良好的班级组织规范、对象性实践规范和合作交流规范，以实现自主间性（尤其情感维度和行为维度）的有序生成。

立足于自主间性和最近发展区的理念，教师和学生首先通过协商作好主体性准备（包括达成自主共识、构建学习小组和形成课堂规则），联合作好对象性准备（理解教学设计依据、发现真实实践对象和制订教学活动方案）。然后，师生遵循"问题解决"程序（包括困惑呈现、问题澄清和问题聚焦等问题提出环节，问题表征和策略构建等问题分析环节，方案制订、方案实施和结果评价等问题化解环节），并在每一环节遵循"以学为本，即学生先学，教师后教或小组研讨"的原则，努力耦合二者的自主表现，以此实现自主间性体验（内含各方自主体验）的最大化。为了促使自主间性或个人自主体验转变为素养，教师要引领学生自主的系统化生成，学生要卷入教师自主的深刻化发展，并且师生要通过多种途径强化自主间性（及个人自主）。

为了更好地促进自主间性的教学实践，教师和学生应当认清自主实践的基础（包括个人自主的社会根源、学生自主的行动条件、教师自主的专业表现），并增强自主间性实践的可能（向管理人员争取更多的机会，向教辅人员争取更多的资源，向社区家长解释自主的内涵），学校管理人员则要深刻理解个人自主的内涵，认识自主间性的意义，并为师生自主间性的实践提供支持。

目 录

绪 论 ………………………………………………………… 001
  第一节 研究缘起 ………………………………………… 002
    一、实践的呼唤 ………………………………………… 002
    二、理论的启迪 ………………………………………… 005
  第二节 研究述评 ………………………………………… 008
    一、主体间性研究述评 ………………………………… 008
    二、个人自主研究述评 ………………………………… 012
    三、师生自主研究述评 ………………………………… 017
  第三节 研究主题 ………………………………………… 024
    一、主要的研究内容 …………………………………… 024
    二、研究思路与方法 …………………………………… 025
    三、研究主题的意义 …………………………………… 026
  第四节 基本概念 ………………………………………… 028
    一、个人自主 …………………………………………… 028
    二、自主间性 …………………………………………… 029
    三、问题 ………………………………………………… 031
    四、活动 ………………………………………………… 032
  第五节 理论源泉 ………………………………………… 033
    一、自我调节理论 ……………………………………… 033
    二、问题解决理论 ……………………………………… 035
    三、活动理论 …………………………………………… 037

第一章　自主间性概念的合理性确认 ······················· 042
第一节　自主间性概念的思想基础 ······················· 042
一、个人自主之批判的结果 ······························· 042
二、主体间性的本体性意蕴 ······························· 044
三、共同体主义的实践诉求 ······························· 047
第二节　自主间性概念的基本内涵 ······················· 049
一、个人自主的基本内容 ································· 049
二、自主间性的内涵解读 ································· 058
三、自主间性概念的再思 ································· 063
第三节　自主间性客观存在的证明 ······················· 066
一、认知自主之关系性的依据 ····························· 066
二、行为自主之关系性的证据 ····························· 067
三、情感自主之关系性的考证 ····························· 067
四、身体作为自主间性的载体 ····························· 068
第四节　自主间性概念的教育意义 ······················· 069
一、师—生关系理论深化的需要 ··························· 069
二、教育主体间性研究细化需要 ··························· 069
三、师—生自主关系定性的需要 ··························· 070

第二章　师生自主间性的理想形态 ······················· 072
第一节　学生自主性发展作为旨归 ······················· 073
一、自主双重发展区作为核心理念 ························· 074
二、自主性水平区分作为行动前提 ························· 077
三、师生参与性互动作为发展基础 ························· 081
第二节　存异性共识作为行动基础 ······················· 086
一、自主本体结构异同作为行动前提 ······················· 086
二、自主实践结构异同作为行动根本 ······················· 087
三、自主面向对象异同作为行动需求 ······················· 087
第三节　问题化课堂作为生成环境 ······················· 089
一、真实世界问题作为面向对象 ··························· 089

二、形成认知问题作为发展起点 ……………………………… 090
　　三、理解性对话作为基本教学法 ……………………………… 091

第三章　师生自主间性的基本要素 …………………………………… 093

第一节　发展的学生自主 ………………………………………… 094
　　一、学生自主发展面向的问题情境 …………………………… 094
　　二、问题情境对学生自主表达的诉求 ………………………… 098
　　三、问题解决对学生自主发展的回应 ………………………… 101

第二节　专业的教师自主 ………………………………………… 105
　　一、"问题解决"方案的自主设计 …………………………… 105
　　二、"问题解决"活动的自主组织 …………………………… 110
　　三、"问题解决"对话的自主引领 …………………………… 113

第三节　问题形态的课程 ………………………………………… 118
　　一、作为课程文本本源的真实问题解决 ……………………… 118
　　二、作为课程掌握过程的认知问题解决 ……………………… 121
　　三、作为课程学习基础的问题结构理解 ……………………… 123

第四节　团体自主的规则 ………………………………………… 128
　　一、班级组织规则 ……………………………………………… 128
　　二、对象实践规则 ……………………………………………… 130
　　三、交流合作规则 ……………………………………………… 131

第四章　师生自主间性的发展机制 …………………………………… 134

第一节　主体性准备阶段 ………………………………………… 135
　　一、协商达成自主共识 ………………………………………… 136
　　二、协商构建学习小组 ………………………………………… 137
　　三、协商形成课堂规则 ………………………………………… 139

第二节　对象性准备阶段 ………………………………………… 141
　　一、联合理解教学设计依据 …………………………………… 141
　　二、联合发现真实实践对象 …………………………………… 142
　　三、联合制订教学活动方案 …………………………………… 143

第三节　体验性生成阶段 ………………………………………… 146

一、协同决定核心问题以确定行动方向 ……………………… 146
　　二、协同调节问题分析以建立行动路线 ……………………… 151
　　三、协同实现问题化解以形成行动体验 ……………………… 153
第四节　拓展性修炼阶段 …………………………………………… 157
　　一、教师引领学生自主素养的系统化 ………………………… 157
　　二、学生参与教师自主素养的深刻化 ………………………… 160
　　三、师生自主间性强化途径的多样化 ………………………… 163

第五章　师生自主间性的实践建议 …………………………………… 166
　第一节　师生要认清双方自主的行动基础 ……………………… 166
　　一、师生要理解个己自主的社会属性 ………………………… 166
　　二、师生要厘清学生自主的行动基础 ………………………… 168
　　三、师生要知晓教师自主的专业表现 ………………………… 170
　第二节　师生要增强实践自主间性的可能 ……………………… 175
　　一、师生要努力扩展自主实践的机会 ………………………… 175
　　二、师生要竭力扩充自主实践的资源 ………………………… 176
　　三、师生要积极对外解释自主的内涵 ………………………… 176
　第三节　学校要创造师生自主间性的时空 ……………………… 178
　　一、管理人员要理解个人自主素养的内涵 …………………… 178
　　二、管理人员要认识师生自主间性的内容 …………………… 179
　　三、管理人员要提供师生自主间性的支持 …………………… 179

结　语 …………………………………………………………………… 181

参考文献 ………………………………………………………………… 184

后　记 …………………………………………………………………… 200

绪 论

在现代生活中,"个人自主"日渐被社会成员信仰和推崇。他们大多认为:自主理念的核心是"自己成为自己行动的主体,不依赖他人(有时排除他人的干预)、自由地作出自己的判断、主张和行动"[1];在实际生活中,个体应当被允许独立地作出决定,并且这些决定应当被他人尊重(除非这些决定伤害到他人)。[2]细思起来,"自主"之所以被推崇,不仅是因为它具有重要的伦理价值,而且是因为它内含着重要的权利诉求。"独立作出决定"和"决定被他人尊重"意味着个人的意志或精神得到他人的尊重;"应当"意味着所谓"尊重"更多地是一种伦理可能;更为重要的是,"被"凸显出个人自主是嵌于社会网络(甚至应对人、事、物变化)的存在,是他人赋予(甚而个己争求)的权限。这些意味着在具体的生活情境中,所有个人自主之发生和发展是"相偎相依"的。

在自主精神的鼓舞之下,社会(尤其一些学者)对学校教育发展学生自主素养充满期待,并认定教师自主和学生自主具有正向关系:只要教师积极地发挥专业自主精神,就能够培养良好的学生自主素养。然而,"理想很丰满,现实很骨感"。教师自主和学生自主的诸多现实表现并不尽如人意,甚至教师自主和学生自主的存在意义或相互关系也被部分教师与学者质疑。面对如此境况,人们不得不沉思:教师自主表现和学生自主发展究竟是什么性质的关系?教师自主和学生自主如何共同表现才能促进后者

---

[1] 钟启泉. 关于儿童"自主性"发展的心理学考察 [J]. 教育理论与实践, 1995 (1): 9-11.

[2] Herring J.. Relational Autonomy and Family Law [M]. Cham: Springer, 2014: 1.

的发展？在此，本书尝试构建"自主间性"概念，并以之为线索对这些问题进行探索和回答。

第一节 研究缘起

之所以选定"师生自主间性"这一课题，不仅因为学界应当回应对师生自主的质疑声音，追问师生自主的失当表现，而且因为关系性自主与主体间性等思想能够为师生自主关系研究提供比较厚实的理论平台。

一、实践的呼唤

（一）回应学生自主的质疑声音

我国有学者对师生自主本身的合法性提出质疑：其一，"学生本身不能'自主'他们的学习活动，却要他们去'自主'。所以在'自主'的过程中，学生只能'自主'已懂或能懂的"。其二，自主学习违反了"学习规律"，即"教师首先要把学生所欠缺的东西教给他们，然后再鼓励他们去做尝试性实践——再教，再实践，再教，直至毕业"[1]。且不说这种质疑所提到的"学习规律"有无科学根据，仅就思维常识来说，学生们一直"自主"着其内在的思维过程，也在其"能懂"范围内进行独立的问题解决过程。所谓"学习规律"也许是传统的"教学模式"或教学"常规"，而不是学生学习的客观规律。归其原因，该学者并未认识到"知识是社会建构的，学习是实践当中的意义协商"[2]，忽视了学生的能动意识和学习的探索性，未能努力探索"教师支持"（teacher support）对学生自主的重要作用和可能方式。

在西方，汉德（Michael Hand）对普遍意义的情境自主性（circumstantial autonomy）和意向自主性（dispositional autonomy），专业意义的行动决

---

[1] 徐江，张斌利，张素英."自主学习"应当被证伪[J]. 人民教育，2013（10）：38-41.
[2] 赵健. 学习共同体的建构[M]. 上海：上海教育出版社，2008：10.

定、信念决定和欲望决定作为教育目的进行了批判：情境自主性令人满意但不可学；意向自主性可学但不令人满意；专业意义的自主也因操作性、价值性等原因无法成为教育的目的。❶ 他质疑意向自主性的理由有二：他者拥有我所缺乏的专业知识和专业技能；他人由于组织角色而能更好地决定我的行动。然而，他却未论证成人的个体自主对其职业行动的意义，且忽视了这种专业能力是通过学习而形成的。行动决定能力之所以遭受质疑，是因为作者认为在接受正式教育之前的早期生活中，儿童就已获得决定自己行动的能力。显然，这种自主是简单化的自主，没有关注未来社会对儿童提出的诸多挑战，没有顾及儿童面对复杂情境（尤其问题解决）时所需要的技能和品质。

在回应质疑学生自主的过程中，人们认识到，学生自主的缺失极有可能源于教师对自主的内涵或性质（如关系性）的误解，或对自身自主和学生自主之表现方式与发展方式的认识不足。正面地讲，教师要积极表现专业自主（而绝不能成为"无主"的存在），才能促进学生自主的深刻发展。因此，作为学生成长的引导者和支持者，教师必须树立专业自主精神，发展专业自主能力，以此为基础扩大学生自主发展的可能性。

（二）反思师生自主的失当表现

21世纪初，《基础教育课程改革纲要（试行）》就已向教育人员提出发展学生自主性的要求："注重培养学生的独立性和自主性……，促进学生在教师指导下主动地、富有个性地学习"❷。有些教师虽已意识到发展学生自主的价值和必要性，但在培育学生自主的实践中，却出现诸多观念误区和不当行为，如完全放弃直接教授，不作任何教学预设，一味满足学生要求、一味肯定学生发言。❸ 很多学生则凭借"自主"的表面意义，在课堂上任意讨论和发言，甚至抵制教师的合理意见。这些行为背后的逻辑

---

❶ Hand M.. Against Autonomy as an Educational Aim [J]. Oxford Review of Education, 2006 32 (4)：535-550.

❷ 钟启泉，崔允漷，张华. 为了中华民族的复兴为了每位学生的发展《基础教育课程改革纲要（试行）解读》[M]. 上海：华东师范大学出版社，2001：7.

❸ 刘永康. "自主学习"的是与非 [J]. 中国教育学刊，2011（9）：53-56.

是，要充分地发展学生自主，就必须给学生完全的自主，而教师不能进行任何干预。然而，上述失当表现的持续发生使教师丧失自主，也使学生没有长进。这些不良结果最终表明，这些教师没有清楚地理解个人自主和学生自主发展的实质，因而未能建立培养学生学习自主和发挥教师专业自主的逻辑关系。

理论研究和实践反思都表明，教师是进行教育实践与变革的关键因素，[1]对学生自主的发展具有直接而深刻的影响。然而，教师并不是抽象意义上的完全自主之人。在学校的教育教学实践中，教师自主遭遇很多困境，如社会干预和制度约束、学校的组织和管理、职业要求与教师自身等。[2]加之传统教育教学理念和专业发展不足等因素的影响，部分教师甚至并未表现出专业人员的自主素养（包括自主精神、自主能力和自主行为）。[3]他们可能没有深谙课程性质和内容而导致教学重点不明确，[4]或者倾向于设计和实施"千篇一律"的模式化教学，[5]甚至对课堂教学敷衍了事。这些非专业自主行为不仅不能让教学改革愿景落于实处，更不可能让学生从教学活动中获得应受之益。

通过将教师自主和学生自主的表现进行综合，人们不难发现：在某种程度或意义上，教师自主与学生自主是"共进共退"的关系。师生自主之所以表现出诸多失当，主要是因为双方都没有对自主的内涵形成较深入的认识，也没有采取必要、相应的行动，更未认识到自主的多种维度或可能性。如果教师既未清楚地理解学生自主的内涵，也未对自身专业自主给予足够的重视，学生自主的发展就将成为一句空话。学生若不能体会个人自主和教师自主的内涵，其自主发展的表现亦不会理想，甚至限制教师自主的发挥。这样，教师自主和学生自主都将远离教育世界，或将迷失于教育现场。

---

[1] 王建军. 课程变革与教师专业发展 [M]. 成都：四川教育出版社，2004：6.
[2] 楼世洲，张丽珍. 教师专业自主：困境与出路 [J]. 教师教育研究，2007（6）：6-9.
[3] 唐海朋，郭成，程平，等. 中小学教师自主水平的调查研究 [J]. 教育学报，2014（2）：85-93.
[4] 胡海舟. 教学立意的实践误区及提升路径 [J]. 中国教育学刊，2015（12）：49-53.
[5] 程伟. 小组学习的实践误区及常态回归 [J]. 中国教育学刊，2015（10）：59-62.

二、理论的启迪

（一）关系性自主思想的启示

随着自主性研究的深入，一些学者对它原有的个人主义倾向提出了批评。通过发表《关系性自主》（Relational Autonomy），麦肯奇（Catriona MacKenzie）和斯托尔雅（Natalie Stoljar）希望人们放弃表示激进独立和自我依赖的自主内涵，转而关注个人自主本身所具有的社会性意义。关系性自主的内涵非常丰富，但都强调自我的社会性嵌入，都强调使个人自主成为可能的社会结构和人际关系。❶ 通过将"关系性"引入个人自主概念，人们丰富并加深了关于个人能动性的本质和条件的思考。

关系性自主思想放弃了抽象的完全自主（"绝对自我依赖"）这一内涵，但并不意味着他人与自我必须客观地共在于同一现场。在根本意义上，自主是自我对话性地管理自我的世界。它的核心内涵为"要自主地行动就是要根据经过反思性认同的检验因而算作真正是个体自己的欲望来行动"❷。其中的"反思性认同"意味着在既定的生活情境中，个体需要借助宽广的视界、多样的视角评判当前欲望。也就是说，"在要求不止一种起作用甚至以内化形式起作用之观点的意义上，自我管理是对话性的"❸。在被动的意义上，个体只有对非己的视角或外在的规范性压力作出合理的回应，才能够（被允许）自主地生活。在主动的意义上，个体需要主动地理解他人生活和言行，才能形成或参与工作团队以实现个己的目的。

概括地讲，独立性和关系性是个人自主的双重属性。在学校情境中，教师自主和学生自主也是如此。一方面，教师和学生都需要积极地发挥自主，以特定方式发挥自己的身心力量，尽己所能地对课程进行理解，并在课堂规范和教学设计等框架下寻求对方的自主支持；另一方面，教师自主和学生自主都受到各种教育教学制度尤其课程标准的约束，受到群体中对

---

❶ MacKenzie & Stoljar. Relational Autonomy [M]. New York: Oxford University Press, 2000: 4.
❷ Westlund A. C.. Rethinking Relational Autonomy [J]. Hypatia. 2009 24 (4): 26–49.
❸ Westlund A. C.. Rethinking Relational Autonomy [J]. Hypatia. 2009 24 (4): 26–49.

方或多方（以下称他方）自主素养的影响，并在某种范围内影响着他方的自主表现。这样，教师和学生才能共同完成有意义的教学活动，并满足各自的身心需要。

（二）主体间性思想的启示

在西方哲学界，胡塞尔（Edmund Husserl）较早地关注了认识论意义上的"主体间性"（intersubjectivity）："我所经验到的世界连同他人在内，按照经验的意义……只是……一个交互主体性的世界，是为每个人在此存在着的世界，是每个人都能理解其客观对象（objekten）的世界"[1]。之后，学者则撇开先验意识哲学的影响，对主体间性进行了大量的研究。以伽达默尔（Hans-Georg Gadamer）为例，他依据文本解释学指出，"真正的历史对象根本就不是对象，而是自己与他者的统一体，是一种关系，在这种历史关系中同时存在着历史的实在和历史理解的实在"[2]。每个人都处于特定的历史环境和历史地位，并客观地带有"偏见"。因而，理解是历史性的，是当下境遇中的理解者与历史境遇中的文本作者进行"视界融合"的过程。这些学者的关注焦点虽有不同，但都承认主体间性与个人主体性不可分割，"主体间性……实际上是主体性在人与人之间关系中的一种表现，在本质上仍然是一种主体性"[3]。

就作为主体间性之基础的主体性而言，它是人类在从事不同活动并不断提升自身力量的过程中，在多种意义上展现出的人性（包括自主性、目的性、能动性、创造性等）。虽然这些不同角度的"主体性"表现都能刻画主体的特征，但归根结底却集中在主体内在的自主性（具体成分大致包括自我决定、自我调节和自我实现）。[4] 这一素养建基于深刻的自我认识和

---

[1] 埃德蒙德·胡塞尔著，倪梁康，张廷国，译. 生活世界现象学［M］. 上海：上海译文出版社，2002：160.

[2] 汉斯-格奥尔格·伽达默尔著，洪汉鼎，译. 诠释学Ⅰ、Ⅱ：真理与方法［M］. 北京：商务印书馆，2010：424.

[3] 冯建军. 以主体间性重构教育过程［J］. 南京师大学报（社会科学版），2005（4）：86-90.

[4] 郭湛. 主体性哲学——人的存在及其意义（修订版）［M］. 北京：中国人民大学出版社，2011：29.

坚强的自我信念，不仅是个体在具体活动中发现和解决问题的基础，也是个体表现独特性的根本。个体有参与活动的意愿才敢于直面当下的问题（主要表现为自觉性），有丰富的调节能力才能恰当地处置所遇问题（主要表现为能动性），有设计活动的能力才可能创造性地解决问题（主要表现为创造性）。

主体间性内含着交互双方或多方的主体性，而主体性集中表现在自主性。因此，"主体间性"蕴含着"自主间性"这一核心（其他成分可能包括创造间性、自主—创造间性等）。不过，作为主体间性的"下位"，自主间性迄今不仅未像它的"上级"那样光彩照人，甚至国内外尚无人提及。尽管如此，它却是不可否认的客观存在：任何正常的人都有自主性，不过是该自主性强弱不同，盛衰有别而已。当他们各自发挥自主参与集体生活时，必含"自主"的"交集"（尤其包括自主意识、自主观念、自主规则以及自主行动等内容）。这些个体自主交往的"自主"结晶即"自主间性"。

因此，对客观存在的自主间性视而不见，随其"自流"，不仅难以深化对主体间性的认识，而且不利于良好人际的建设。故本书借鉴"主体间性"范畴，构建"自主间性"以阐释交互主体自主表现的内在"协同性"和外在"一致性"（详见"自主间性"定义），以此探求教师和学生共同面向课程而表现出的既有独特性又有一致性的存异性自主（自主融合）。有学者指出，"心性养成主要是凭借参与共同行为的经验而来的"[1]。缘此思考，本文将在课程与教学论意义上就师生自主间性的概念、基本特征、主要因素和生成机制等方面展开讨论。

---

[1] 约翰·杜威著，薛绚，译. 民主与教育[M]. 南京：译林出版社，2014：26-27.

第二节　研究述评

为了更好地理解教师自主和学生自主的关系，本研究拟依据"主体间性"构建"自主间性"概念，以此为基础描述师生自主间性的理想形态和发展机制等。为此，下文先综述与本主题密切相关的主体间性、个人自主、师生自主等方面的研究成果，从中发现基本规律，得到正、反两方面启迪。

一、主体间性研究述评

（一）哲学领域研究

在《生活世界现象学》中，胡塞尔反思了先验主体所具有的"唯我论"倾向。为了回答"对我有效的知识如何对他人有效"这一问题，他提出了认识论意义上的"主体间性"论题："我所经验到的世界连同他人在内，按照经验的意义……只是……一个交互主体性的世界，是为每个人在此存在着的世界，是每个人都能理解其客观对象（objekten）的世界"[1]。这种研究思维把原先抽象的大写"我"拉回到具体的小写"我"，从相对于客体的"我思"主体转向强调与他者共在的"自我"。然而，胡塞尔的具体论述仍留有很大的先验论意味。在随后学者的研究中，这种意味逐渐变淡和消散。最终，人们认识到"主体间性是主体性的伴生物，标志着人作为主体的社会性"[2]。

在存在主义哲学中，海德格尔（Martin Heidegger）用"存在"（Sein, being）、"共在"（Mitsein, co-being）等表达其对主体间性的意见：存在者

---

[1] 埃德蒙德·胡塞尔著，倪梁康，张廷国，译. 生活世界现象学 [M]. 上海：上海译文出版社，2002：160.

[2] 郭湛. 论主体间性或交互主体性 [J]. 中国人民大学学报，2001（3）：32–38.

的存在方式是"在……之中"❶，而"在……之中"意味着存在者与其他存在者"共在"于世界中。整体而言，海德格尔的叙述内容虽然隐含地承认"他者作为与自我同在的主体"，但也仅仅是关注他者与自我的"共在"维度，而没有关照各个存在者的独特性。梅洛－庞蒂（Maurice Merleau-Ponty）则运用"身体间性"（intercorporeite）来阐释主体间性如何可能的问题，进而把人与世界"肉身化"为一体。在其思想的最后发展期，梅洛－庞蒂"试图通过把知觉和身体意向性的直接性升华为文化世界中的交流和沟通，来淡化以我的身体意向性为核心所具有的唯我论色彩"❷。无论海德格尔还是梅洛－庞蒂都力图使其观点具有普适性，更加关注自我与他我的纯粹"同一"，由此而过于忽视现实世界中他我与自我的差异。

相对而言，伽达默尔、哈贝马斯和列维纳斯则承认自我与他我的差异。立足文本解释学，伽达默尔阐释了主体间的相互理解过程❸：由于历史背景、环境位置等方面的不同，每个主体都有其自己的独特视域，并且他们的视域存在客观的"时间间距"。这样，主体必然带着自己的"先见"去接触对方的视域，进而可能在不断的交互中达到"视域融合"（fusion of horizons）。哈贝马斯（Jürgen Habermas）的目标是"立足于交往行为进行历史唯物主义重建，立足于理想化的语言交往进行社会的合理重构"❹，"使交往理性成为可能的，是把诸多互动连成一体、为生活形式赋予结构的语言媒介"❺；交互主体只有具有平等的话语权，并进行有效性的交流（理解的可能性、陈述的真理性、谈论的诚实性和行为的合法性），❻ 才能达成公共规则并成为交往共同体。伽达默尔和哈贝马斯虽然都承认主体间

---

❶ 马丁·海德格尔著，陈嘉映，王庆节，译. 存在与时间（修订译本）[M]. 北京：生活·读书·新知三联书店，2014：63.

❷ 杨大春. 意识哲学解体的身体间性之维——梅洛－庞蒂对胡塞尔他人意识问题的创造性解读与展开[J]. 哲学研究，2003（11）：69-75.

❸ 汉斯－格奥尔格·伽达默尔著，洪汉鼎，译. 诠释学Ⅰ、Ⅱ：真理与方法[M]. 北京：商务印书馆，2010：411-434.

❹ 王晓东. 哲学视域中的主体间性问题论析[J]. 天津社会科学，2001（5）：42-46.

❺ Jürgen Habermas. Faktizität und Geltung: Beiträge zur Diskurstheorie des Rechts und des demokratischen Rechtsstaats [M]. Frankfurt am Main: Suhrkamp Verlag, 1997: 17-18. // 童世骏. 没有"主体间性"就没有"规则"——论哈贝马斯的规则观[J]. 复旦学报（社会科学版），2002（5）：23-32.

❻ 哈贝马斯著，张博树，译. 交往与社会进化[M]. 重庆：重庆出版社，1989：2-3.

的差异，但也承认并希望通过交往达成共识。

更为激进的是列维纳斯。他认为，"真正的主体性观念成立的基点……在于异于我的他者，具有他性的他者才构成真正主体性概念的前提"❶。他构建了"面容"（face）这一特殊概念，以此为基础倡导他者的优先性："他人面容既有可见特征，又有不可见特征。就不可见特征而言，我无法使之同一于我；因而，对他人作出回应（response）就成为我对他者的责任（responsibility）。"❷ 这些观点深刻地揭示出，个人具有某种意义上的神秘性和独特性。然而，无论如何强调他者的绝对性和不可知性，列维纳斯都不能否认：通过交往，这种绝对性才可能被主体所承认和实现。只有通过"我"和"你"的对话，绝对的他性才能显现或不被消弭，甚至成为主体间的共识，责任伦理才能成为真实和变得长久。由此可知，差异亦可（应）存于"同一"。

概言之，主体间性的核心原则是交往双方兼有差异与同一，并通过交往表达二者。主体间性的哲学结论虽然抽象，但为师生自主交互的研究提供了诸多启示。首先，自主间性的研究虽然应该凸显交往双方的差异性，但自主间性的研究绝不能脱离其间的同一性；无原则地放弃同一性将使师生交往成为不可能，继而使学生自主发展"徒具其表"。其次，师生自主关系的研究既要考虑伦理性因素（交往双方要承认彼此的人格平等与机会平等，要相互了解并遵守公共规则，❸ 为对方的个性表现承担责任），也要考虑现实性因素（交互具有历史性和情境性，交互媒介是外在的语言表达，但离不开内在的有意思维）。最后，"主体间性"并未取消目的性对象这一要素，包括交往活动内外的言语对象或实践对象。相应地，师生自主间性研究务必要关注课程内容，以此实现自主素养的实质性发展。

（二）教育领域研究

现代教育在工业社会中迅速发展，却由于坚持技术理性和工具理性而

---

❶ 孙庆斌. 列维纳斯：为他人的伦理诉求 [M]. 哈尔滨：黑龙江大学出版社，2009：175.

❷ 孙庆斌. 从自我到他者的主体间性转换——现代西方哲学的主体性理论走向 [J]. 理论探索，2009（3）：35-38.

❸ 王锐生，陈荷清，等. 社会哲学导论 [M]. 北京：人民出版社，1994：155.

使自身逐渐成为个人解放的桎梏。"'占有'更多的知识以获得外在自身的身份成为教育的目的。主客对立的思维方式渗透于教育、教学过程之中，使教育成为教育者对受教育者的控制和训练"❶。在对师生主客体关系进行批评之后，有些学者建议以"主体间性"理念思考师生关系。在这种理念中，"学生与教师之间构成的则是一种平等的交往关系，反映的是主体与主体间的相互尊重、理解、融合的关系"❷，其理想情形是"在教育、教育教学过程中共在、共创、共长、共享的和谐状态"❸。逐渐地，"主体间性"成为部分学者探讨师生关系的基本话语模式。

有学者对师生的主体间关系进行了较为全面的梳理。❹ 与主客体关系相比，师生的主体间性关系具有以下特征：师生关系是平等的；主体性不仅是追求价值者的主体性，也是价值追求对象的主体性；目的是双向的；主体性的形成过程、方式和结果是双向、交往和理解的；主体间性的形成遵循的是天人和谐的规律。循此思路，主体间性教学的主要特征包括平等性和指导性共融、共识性与创新性共融、差异性和共通性共融、交互性与发展性共融。❺ 由此可知，教育主体间性研究更多地关注师生交往应当如何存在，是在批判主客体关系的基础上合理地重建师生关系。

然而，多数主体间性研究都忽视教师和学生共存情境的特殊性和现实性：教师和学生要通过"教育交往"来实现教育职业的价值和学生素养的发展。一方面，在促进学生素养全面发展的理念下，师生借助课程（标准）创设课堂环境，积极地投入教学活动，为学生提供发展的机会和空间。这是教育存在的根本和归宿。另一方面，由于背景、能力、目的和兴趣的差异，师生（也可能生生）在教学活动中难免发生冲突，因而阻碍学生素养的高品质发展。因此，有学者指出，主体间性研究必须承认"教学

---

❶ 冯建军. 主体间性与教育交往 [J]. 高等教育研究，2001 (6)：26 - 31.
❷ 冯建军. 以主体间性重构教育过程 [J]. 南京师大学报（社会科学版），2005 (4)：86 - 90.
❸ 马尚云. 主体间性视阈下的师生关系：共在、共创、共长、共享 [J]. 内蒙古师范大学学报（教育科学版），2013 (1)：64 - 67.
❹ 郝文武. 师生主体间性建构的哲学基础和实践策略 [J]. 北京师范大学学报（社会科学版），2005 (4)：15 - 21.
❺ 康伟. 师生主体间性理论与实践研究 [D]. 西安：陕西师范大学博士学位论文，2007：114 - 118.

生活是一种公共生活，它必须遵守公共生活的'游戏规则'"❶。

综上所述，教育主体间性研究增强了师生交往的伦理性和人性维度，甚至倾向于"摆脱"其间的主客体关系。它对师生交互关系的理想状态之描述可被视为师生自主间性实践的伦理要求或理想追求。然而，这些研究忽视教师和学生交往的情境性、历史性和中介性，模糊了主体性的多元组成（尤其个人自主素养的统领作用），因而既未说明究竟何为师生主体间性，也未阐明师生主体间性何以可能。教育主体间性研究亟需通过细化而深化。例如，学生和教师如何使其自主行为表现相互协调，如何借助课程发展学生素养（尤其自主素养），便是一种可能的研究方向。

二、个人自主研究述评

在汉语中，"自主"是由"自"和"主"构成的词语。据《辞海》解释，"自"是指自己、开始等，"主"包括根本、掌管、主张等意义；由此，"自主"指主体使自己成为主人，自己管理自己，或提出自己的主张等，其核心内容是"自己做主，不受别人支配"❷。与汉语"自主"对应的英语单词为"autonomy"。该词由希腊词语"autonomia"演变而来，其词根是"auto"（self，自我）和"nomos"（law，法律），原初涵义是"一个国家、地区或组织独立管理自己的自由"❸（因此 autonomy 还译为自主性、自主权）。由此引申出的个人自主（personal autonomy）多指主体有能力（或权利）不受他人的影响而作出自己的选择，并依此决定去行事。

（一）哲学和社会学领域的研究

在《道德形而上学》中，康德（Immanuel Kant）将实践理性应用于道德并提出"自律"（autonomia）原则："德性的自主性来自意志的自律性"，即"在同一意愿中，除非所选择的准则同时也被理解为普遍规律就

---

❶ 王爱菊. 走向主体间性的生存——教学冲突研究［D］. 济南：山东师范大学博士学位论文，2010：167.
❷ 夏征农，陈至立. 辞海［M］. 上海：上海辞书出版社，1999：5362.
❸ Hornby A. S.. Oxford Advanced Learner's Dictionary = 牛津高阶英语词典（7th）［M］. 北京：商务印书馆，2007：89.

不要作出选择"❶。"按照这个原则,'人'只服从他自己的但确实普遍的立法,他只是被约束来按照他自己的意志行动"❷。这种意义上的"个人自主"内在地要求主体具有普遍理性,并用之进行独立思考和审慎判断。自由主义者密尔(John Stuart Mill)认为,冲动和欲望是人性的组成部分,个体应当具有独立的趣味并自由地表达意见。❸ 这种自主观认可凸显人的自然属性,倡导社会对个体生活方式的宽容。存在主义者海德格尔则重视对本真的追求,希望人们用"良知"来唤醒自己:"在良知的呼声中,什么是话语之所及,亦即召唤之所及?显然是此在自身"❹。换言之,"认识你自己"。这三种思想揭示了人类自主的多重属性(包括个性与群性、自然性与社会性、理性与感性,甚至历史性与情境性),对个人自主的后续研究(包括自主的内涵和意义)产生了很大影响。

人们还从不同视角对个人自主的内在结构或基本要素等进行了研究。法兰克福(Harry G. Frankfurt)和德沃金(G. Dworkin)提出等级程序性解释:一个人的行动在这种情况下是自主的,即他/她采取行动的低阶欲望被认同该低阶欲望的高阶意志所批准;❺ 换言之,自主是欲望与意志的平衡。该学说虽然相信意志在自主中的重要地位,但未能说明高阶意志如何产生或是否可无限递归。由于未能抓住动机和行动等要素,很多通常被视为自主的个体(如为摆脱贫困而努力学习的儿童)就被该学说排除在外。沃尔夫(Susan Wolf)提出实质性解释,其要义是具有自主性的主体必须具有"规范性能力"(normative competency),即区分对错的能力(如我们不能自主地选择被奴役)。❻ 然而,实质性解释混合了个人自主和道德自主的含义与要求,将过高标准施加于自主行动。综观两种研究,它们都未能

---

❶ 伊曼努尔·康德著,苗力田,译. 道德形而上学原理 [M]. 上海:上海人民出版社,2005:61.

❷ 詹姆斯·斯密特著,徐向东,卢华萍,译. 启蒙运动与现代性 [M]. 上海:上海人民出版社,2005:483.

❸ Mill J. S.. On Liberty [M]. Indianapolis and New York:The Liberal Arts Press, 1956:73.

❹ 马丁·海德格尔著,陈嘉映,王庆节,译. 存在与时间 [M]. 北京:生活·读书·新知三联书店, 1999:312.

❺ Frankfurt H.. The Importance of What We Care about [M]. Cambridge:Cambridge University Press, 1988:12-25.

❻ Wolf S.. Freedom within Reason [M]. New York:Oxford University Press, 1990.

揭示自主本体的基本要素，更忽视了其在目的、内容和条件等方面的情境性（毕竟，"自主"概念和自主生活都是个人和社会相互交流与共同建构的结果）。本森（Paul Benson）对程序性解释和实质性解释进行调和并建议使用弱实质性解释，该解释只是设定了主体认为其值得行动的标准（即主体必须有自信、自尊）。❶ 这种说法虽然强调对人具有重大意义的精神品格，却缺少必要的实质性内容。结果，很多不自主的个体（如盲目自信的人）也可被看作是自主的人。

对个人自主研究的传统思路产生重大影响的当属女性主义者和福柯。女性主义者强调，"没有关注主体被嵌入其中的丰富且复杂的社会性和历史性环境，就不能充分地分析自我的特征和能力"❷，并极力提倡关系性自主（relational autonomy）概念。他们认为，自主是这样一种理想状态，人们据其能够协调自我选择的目标与社会影响产生的义务。这种转向意味着自主的自我要从个性化的模式转变为嵌入社会背景的模式，并强调个人能动性与社会嵌入性的平衡。但是，关系性自主思想并未否认个体可从工具性角度关注周围环境，并返回和关注个人自主的实现（以及集体生活的前进）。福柯（Michel Foucault）指出了理性自主的限度："自我能在深思熟虑之后接受一些法则从而自主行动，而反对对于他治的遵循，这个自我概念是一种虚构。"❸ 相反，自我总是嵌在社会"理性"之中，无法具有真正的超然自主。总之，单纯地强调自主的理性方面或人际方面，都可能使自主出现危机——人的机械化或服从他主。

哲学和社会学的个人自主研究为师生自主间研究（尤其个人自主的完整理解）带来如下启示：第一，个体自主必须有理性成分。这不仅是西方启蒙运动倡导的结果，也是个体现实生活的基本要求。面向未来/未知世界，个体必须有迎难而上的勇气和坚韧不拔的锐气，因而个人自主并非取消感性成分。第二，自主及其发展是情境性的。自主不能停留于"理性"

---

❶ Benson P.. Autonomy and Oppressive Socialization [J]. Social Theory and Practice, 1991 (3): 385–408.

❷ MacKenzie & Stoljar. Relational Autonomy [M]. New York: Oxford University Press, 2000: 21.

❸ 詹姆斯·D. 马歇尔著, 于伟, 李珊珊, 等, 译. 米歇尔·福柯: 个人自主与教育 [M]. 北京: 北京师范大学出版社, 2008: 82.

思维，而是要通过实践活动来表现。一旦个体走进实践活动，其自主思想就会受到物质环境和社会关系的限制；只有"突破"束缚，内心的"自主"才成为真实的自主。第三，自主的实践意味着身体的参与。基于"情境性"意蕴，自主的实现需要主体与对象的相互作用。因此，完整的个体自主包括心理自主和身体自主及其协调性的相互作用。第四，学生自主具有特殊的关系性。在教育情境中，教师不仅要给予学生表现自主的机会，也要为学生提供表达自主的活动，以促进后者自主素养的发展。

（二）教育和心理领域研究

在教育学界，较为系统地研究个人自主的学者是彼得斯和迪尔登。他们的核心观点是，自主之人必须具有独立判断能力和反思能力，其核心为抽象的理性和理智。彼得斯（Richard S. Peters）认为，个人的选择处于实际的自主状态需要具备三个条件：（1）选择处于他的控制之下；（2）选择是本真的；（3）并且他对它（背后的原则）进行了理性的反思。[1] 这一描述把自主的核心内涵确定为"选择"，并附上多种限制性条件。然而，其中的"本真性"（authenticity）至今未得到清楚的解释。甚至有学者认为，从社会发展的角度看，本真性只是打开了责任化时代，要求人们承担更多的自我责任。[2] 迪尔登（Robert Dearden）的解释则相对宽松：一个人是自主的是指"不参照其理智活动，他在其重要生活领域的所想所做便不能被解释"[3]。与彼得斯的解释一样，这种解释也忽视了感情和环境等对个人自主的重要影响。特尔福（Elizabeth Telfer）对选择性自主提出异议并建构了形成性自主模型：第一阶段包括发现和明确个人的需要和意见（情感和情绪）；第二阶段是对个人的意见和需要，以及为传统和他人等所建议的意见和需要等进行评价和批评；第三阶段是在对这些需要、信念、情感、情

---

[1] Cuypers S. E.. Autonomy in R. S. Peters' Educational Theory [J]. Journal of Philosophy of Education, 2010 (S1): 189-207.
[2] 查尔斯·泰勒著，程炼，译. 本真性的伦理 [M]. 上海：上海三联书店，2012：93.
[3] Dearden R. F.. Autonomy and Education. //Dearden R. F., Hirst P. H. & Peters R. S. (Eds). Education and the Development of Reason [M]. New York: Routledge, 2010: 461.

绪等进行批判性检验的基础上形成目的和决定，进而产生行动。❶ 阿瑟顿（Margaret Atherton）通过考察认为，有效性通常在人们的决策中起着重要作用，"自主的活动并非无方向的而是自我指导的。这意味着，行动必须有个体对其负责的一个方向"❷。综合这些观点，个人自主既应具备选择性成分，又应具有形成性成分，还应内含方向性诉求。

在心理学界，戴西（Edward L. Deci）等人提出了自我决定理论（self-determined theory，SDT）。该理论认为，人有自主、胜任力和关系这三种基本需要，它们是理解追求什么和为什么的关键。其中，"自主指的是意志，即自我组织体验和行为，并使活动与个人的自我之完整意识相协调的机体欲望"❸。根据这种内涵，自主内含着个体对自我的完整认识，既要有物质性的基础和表现（体验和活动），也要在自我意识和活动（及其体验）之间达到平衡。他们认为，个人自主的水平是从无动机到内在动机的连续体，其发展机制是内化（外在目标转化为内在动机的过程），包括外在调节（external regulation）、摄入调节（introjected regulation）、认同调节（identified regulation）和整合调节（integrated regulation）等水平。❹ 但是，自我决定理论并未清楚说明自主发展的实践形态，即活动如何发展个体自主素养。另外，卡洛伊（Paul Karoly）建立了自我调节模型，其要素包括目的设定、方案执行、监控评价和修正调试等过程；❺ 米斯奥格（Dennis E. Mithaug）则提出了自我决定学习模式。❻ 这二人的理论模型虽然具有操作性价值，但未关注外在环境尤其是教师的作用。

---

❶ Telfer E.. Autonomy as an Educational Ideal Ⅱ//Brown S. C.（ed.）. Philosophers Discuss Education [M]. London and Basingstoke: Macmillan Press, 1975: 19-35.

❷ Atherton M.. The Relationship between Autonomy and Rationality in Education [J]. Educational Theory, 1978 28（2）: 96-101.

❸ Deci E. L. & Ryan R. M.. The "What" and "Why" of Goal Pursuits: Human Needs and the Self-Determination of Behavior [J]. Psychological Inquiry, 2000 11（4）: 227-268.

❹ Deci E. L. & Ryan R. M.. The "What" and "Why" of Goal Pursuits: Human Needs and the Self-Determination of Behavior [J]. Psychological Inquiry, 2000 11（4）: 227-268.

❺ Karoly P.. Mechanisms of Self-regulation: A Systems View [J]. Annual Review of Psychology. 1993 44（1）: 23-52.

❻ Mithaug D. E. et al.. Self-Determined Learning Theory: Construction, Verification, and Evaluation [M]. New Jersey: Lawrence Erlbaum Associates, 2003: 20.

作为关注现实或实践的学科,教育学和心理学都倾向于使用具有操作性的自主概念,把自主分解为更具体的要素(教育学常分为选择、反思等要素,心理学常分为目的、评价、监控、调节等环节)。这种具体化对师生自主间性(包括个人自主、教师自主和学生自主)的概念细化、机制形成和实际运用都具有非常重要的价值。但是,这种工具性倾向也使人容易丧失对个人自主的整体关注,"只见树木不见森林"。另外,这些研究忽视了学生自主发展所必需的教师、课程和身体素养等条件。

三、师生自主研究述评

(一) 师生自主关系的研究

由于教育具有的文化育人和道德伦理规范,学生自主和教师自主具有很强的特殊性,因而使二者的结合与协调成为必然。有学者指出,"就特殊性而言,学生自主性……具有情智行发展不均衡、寓于活动可塑性强、内外作用他主居重、利大弊小价值内蕴四个主要属性"[1]。其中,"内外作用他主居重"意味着学生自主的表现和发展受到本人能动性和教师指导(或与教师相互作用)的共同影响;"寓于活动可塑性强"则说明学生自主性是在与教师进行教学活动的过程中不断发展的。与学生自主类似,学校环境中的教师自主亦非完全自由。以数学学科为例,"教师被要求发挥根本性的作用以连结两种特定的社会领域。一个领域是学校数学的宏观领域,……另一个领域是不断出现的数学课堂这一微观领域"[2]。教师自主之所以能够存在,是因为要与学生共同完成课堂教学,以使后者具备社会生活所需的自主素养。进而,从教育的目的看,教师自主和学生自主是相互依存和作用的,共同面对源于和面向生活的课程内容。

在教学活动中,学生自主和教师自主的表现和生成是相因相生的。课堂系统若是支持性的,学生自主性就可能得到良好的发展。瑞夫(John-

---

[1] 熊川武,江玲. 论学生自主性 [J]. 教育研究, 2013 (12): 25 – 31.
[2] Skott J.. The Forced Autonomy of Mathematics Teachers [J]. Educational Studies in Mathematics, 2004 55 (1/3): 227 – 257.

marshall Reeve）指出，自主支持（autonomy support）和课堂结构是影响学生自主的两个重要方面：课堂结构是否促进学生的自主取决于其对学生的积极关注和回应；提供自主支持的教师的特征是协调、关系、支持和温和的纪律。❶ 阿索尔（Avi Assor）等人的实验结果表明：允许批判和提供选择并非促进学生自主的最有效手段，"促进相关性"和"抑制批判"这两种教师行为对学生自主的影响尤其重要。❷ 甚至有学者指出，"教师中心"的课堂环境亦可培养学生的自主学习能力，这种积极作用主要来自教师对学生学习的支持和参与，而非通常假定的学生的自主学习与合作。❸ 无论如何，要想促进学生自主的内在动机，教师就应当"以培育、包括和拓展（而非忽视、损害和迂回）学生内在动机资源的方式来建构学习环境"❹。

师生自主关系研究为本研究主题提供了如下启示。一是教师自主与学生自主都存在于教育场并有千丝万缕的关系。虽然教师自主指教师的行为由其自己决定和实施，但它本身却内嵌在教育场域之内（目的是促进学生自主的表现与发展）。学生自主亦然。既然师生都要为学生自主负责，那么，双方就应共同努力并相互协调。二是教师和学生要承认双方在培养学生自主性中的不同功能。"学生的身心发展水平是自主性发展的内因，教师的启发引导是自主性发展的重要外部条件。"❺ 学生自主性是学习者内在的素养或品格，其发展水平最终取决于他的能动性。教师的"启发引导"虽可促进学生自主的发展，但需满足"教师已经调动起学生参与学习活动的积极性"这一前提。

---

❶ Reeve J.. Teachers as Facilitators：What Autonomy-Supportive Teachers Do and Why Their Students Benefit [J]. The Elementary School Journal, 2006（3）：225 – 236.

❷ Assor A., Kaplan H. and Roth G.. Choice is Good, but Relevance is Excellent：Autonomy-enhancing and Suppressing Teacher Behaviours Predicting Students' Engagement in Schoolwork [J]. British Journal of Educational Psychology, 2002（72）：261 – 278.

❸ 李子建, 尹弘飚. 课堂环境对香港学生自主学习的影响——兼论"教师中心"与"学生中心"之辨 [J]. 北京大学教育评论, 2010（1）：70 – 83.

❹ Reeve J.. Why Teachers Adopt a Controlling Motivating Style Toward Students and How They Can Become More Autonomy Supportive [J]. Educational Psychologist, 2009 44（3）：159 – 175.

❺ 齐学红. 学生自主性发展的个案研究 [J]. 山东师范大学学报（人文社会科学版），2001（2）：72 – 78.

（二）学生自主的研究

我国有学者认为，"一个自主发展的人，就是有清晰的自我认识，有积极的自我形象，悦纳自我的人；就是有明确的努力的目标，有内在的学习需要与成长的渴望的人；就是有良好的学习策略与学习习惯的人"[1]。甚至有人倡导"学习通达自由"[2]，解除各种形式的强制让学生自由地学习。然而，这种学习自主的哲学理解过于绝对化，难以应用到教育实践。

就自主学习的结构而言，西方学者的研究成就较为突出。齐默曼（Barry J. Zimmerman）阐述了自我调节学习（self-regulated learning）的三个阶段：预先思考（包括任务分析和自我动机信念）；实现（包括自我控制和自我观察）；自我反思（包括自我判断和自我反应）。[3] 波卡尔兹（Monique Boekaerts）则提出了自我调节学习分层模型：自我的调节（目标）；学习过程的调节（元认知知识和技能）；信息加工模式的调节（认知策略）。[4] 我国有学者梳理西方自主学习理论后认为，学习自主可以通过两种维度说明：如果学生本人对学习的各个方面（如学习动机、学习内容和学习策略）和各个环节（学习活动之前、之中和之后）都能自觉地作出选择和控制，那么，其学习就是充分自主的。[5]

就学生学习自主的培养而言，国内外进行了很多探索。斯特凡诺（Candice R. Stefanou）等认为，教师的自主支持应该包括组织性自主支持、程序性自主支持和认知性自主支持。[6] 戴西等人总结了促进学生自我决定

---

[1] 肖川. 造就自主发展的人 [J]. 河北教育（教学版），2005（22）：14-15.
[2] 曾文婕. 学习通达自由——对学习领域自由问题的新阐释 [J]. 教育研究，2008（6）：35-40.
[3] Zimmerman B. J.. Becoming a Self-regulated Learner: An Overview [J]. Theory into Practice, 2002 41（2）：64-71.
[4] Boekaerts M.. Self-regulated Learning: Where We are Today [J]. International Journal of Education Research, 1999 31（6）：445-457.
[5] 庞维国. 论学生的自主学习 [J]. 华东师范大学学报（教育科学版）. 2001 20（2）：78-83.
[6] Stefanou C. R., Perencevich K. C., DiCintio M., Turner J. C.. Supporting Autonomy in the Classroom: Ways Teachers Encourage Student Decision Making and Ownership [J]. Educational Psychologist, 2004 39（2）：97-110.

的多种技术，包括提供选择、最小化控制、承认感情，以及提供决策和履行目标任务的可用信息。❶ 这些研究结果基本上是在罗列自主支持的行为，没有关照课程这一对象，也没有体现教学活动的整体性。针对我国的教育现实，有学者主张"教学的基本顺序由讲授式教学的'先讲后学'变为'先学后讲'"❷。具体教学实践的方法或技术等不应拘于一格。有学者利用变易理论（variation theory）探讨了学生自主学习和教师支持的关系，其核心结论是"学生必须自己主动学习，学生必须自己主动审辨出学习目标的关键属性"❸。还有学者调查中国农村学生后发现：在遇到更加自主支持且比其所习惯的教师更加敏感的教师时，他们可能感受到更多取悦这些教师的动机。❹

在实际教学中，学生的自主表现并非完美，可能导致其间的各种冲突——"有的小组之间因为争抢学习资源、学习任务，甚至合作成员产生冲突，破坏了本来和谐的班级气氛"❺。有学者对这些冲突进行分类（包括任务冲突、关系冲突和过程冲突），并对其结果进行了研究：学生们可能在解决某种冲突时使用了策略，但他们应用这些策略来解决不同冲突的方法是与不同模式的绩效和满意改变相关的。❻ 因此，学会制定团体活动规则并掌握人际交往技能应当成为学生自主发展和教师专业指导的重要内容。

上述研究为师生自主间性提供了一定的科学依据（尤其在学生自主之运行机制和教师的自主支持方面），但也存在一些问题（主要包括局限于

---

❶ Deci E. L., Vallerand R. J., Pelletier L. G., Ryan R. M.. Motivation and Education: The Self - Determination Perspective [J]. Educational Psychologist, 1991 26 (3&4): 325 – 346.

❷ 庞维国. 论学生的自主学习 [J]. 华东师范大学学报（教育科学版），2001 20 (2): 78 – 83.

❸ 彭明辉，马飞龙. 变易理论：学生自主学习和教师帮助之间的关系 [J]. 教育学报，2009, 5 (3): 22 – 35.

❹ Zhou M., Ma W. J., Deci E. L.. The Importance of Autonomy for Rural Chinese Children's Motivation for Learning [J]. Learning and Individual Differences, 2009 19 (4): 492 – 498.

❺ 张豪锋，李春燕. 协作学习中的人际冲突与对策 [J]. 河南师范大学学报（哲学社会科学版），2007 34 (5): 230 – 232.

❻ Behfar K. J., Peterson R. S., Mannix E. A. & Trochim W. M. K.. The Critical Role of Conflict Resolution in Teams: A Close Look at the Links between Conflict Type, Conflict Management Strategies, and Team Outcomes [J]. Journal of Applied Psychology, 2008, 93 (1): 170 – 188.

学习自主范围，缺乏课堂教学研究的系统观，未能注意课堂环境的外塑作用，没有对课程内容进行必要的关注），尤其缺乏对学生自主发展实质的思考。也许更重要的启示是，教师的权威与学生自主的关系需要被辩证地看待。教师权威并非必然地削弱学生自主，而是可能帮助学生收获更大的自主能力（前提是教师保证学生能够参与到课堂学习中）；教师自主也并非一定促进学生自主，而可能使他们更加服从教师的意志。真正培养学生自主素养的关键在于教师带着什么目的、以何种方式、凭借哪些内容与全体学生进行交流。

（三）教师自主的研究

国外有学者将教师自主（teacher autonomy）定义为教师"自己不依赖于奖惩，通过考虑所有相关因素对道德领域的对错和智力领域的真假等作出决定的能力"[1]。在学校生活中，教师自主的范围主要包含课程（被教授内容的范围和顺序）、教学（用于教授学生的指导方法）、评估（测量学生学习的程序）、专业发展（用以确保教师学习的方法）、学生训育（管理学生行为的方式）与课堂环境（课堂容纳的物理环境和时间组织）等内容[2]。可见，教师可以通过多种途径影响学生自主的发展。针对我国现今的教育改革实践，有学者提出教师的教学自主包括两方面的内容："教学自主性是教师作为教学主体对自身的主导和支配，教学自主权是教师对教学情境及其相关事务的主导和支配"[3]。

鉴于"教师专业发展即教师专业实践的改善"[4]，我国教育学界非常重视教师专业自主的发展（包括专业学习、专业研究等），但现实情况并不能令人满意。有学者对山西某地区中小学教师调查后发现：教师在学习动机、学习方法、学习环境方面的自主性相对较强；在学习过程、学习时间

---

[1] Kammi C.. Constructivist Mathematics Education with or without Piaget's Theory. 1994. //P. U. Brown. Teacher Autonomy [D]. Stillwater: University of Oklahoma, 1989: 4.

[2] LaCoe C. S. III. Decomposing Teacher Autonomy: A Study Investigating Types of Teacher Autonomy and How Current Public School Climate Affects Teacher Autonomy [D]. University of Pennsylvania, 2006: Abstract.

[3] 姚计海. 论教师教学自主与创新 [J]. 中国教育学刊, 2012 (8): 39-42.

[4] 崔允漷, 王少非. 教师专业发展即专业实践的改善 [J]. 教育研究, 2014 (9): 77-82.

方面的自我监控和计划管理不够；在学习内容和学习结果方面的自主性较为缺乏。❶ 虽然教师专业发展受到很多因素（诸如缺乏支持和公平感、知觉到的忙碌感、人际消耗与冲突以及感知的社会偏见❷）的影响，但人们必须认识到："教师自主发展的内在环境是起决定作用的条件。……他们的潜能和使潜能得以发挥的能力是决定能否自主发展的根本原因"❸。

"知识是社会建构的，学习是实践当中的意义协商"❹。因此，建立教研共同体是保证教师专业自主素养的重要途径。在我国，学科组和教研室虽是普遍存在的合作途径，却因多种原因未能使教师充分释放潜力。一方面，共同体规则的缺乏约束力直接影响了教研活动的效率。另一方面，教学研究共同体的问题缺乏深度，降低了专业发展的品质。❺ 当然，不少教师对合作表现出冷淡的态度：一是拒绝合作，单兵作战；二是有名无实，虚假合作。❻ 概言之，教师共同体的活动多数面向"假问题"和"假任务"。结果，教师并未形成良好的专业精神和专业能力，（加之学校制度对学生自主的无形压制）使得学生自主发展活动苍白无力（尤其包括学生虚假合作的流行）。关于新手教师自主发展的研究表明，老教师的理解和支持能够更好地发展和展现新教师的自主；❼ 但也有师徒制的研究表明"教师共同体的促进作用受到限制、新教师进行创造的机会减少"❽。可见，对新教师而言，老教师施加的他主性影响既可能成为机遇又可能成为障碍。

通过上述研究不难发现，在任何学校情境中，教师都具有比较丰富的

---

❶ 朱晓民. 中小学教师学习自主性的调查研究——以山西省某市为例［J］. 教育理论与实践，2011（10）：33-37.
❷ 甘怡群，王晓春，张轶文，等. 工作特征对农村中学教师职业倦怠的影响［J］. 心理学报，2006 38（1）：92-98.
❸ 金美福. 教师自主发展论［D］. 长春：东北师范大学博士学位论文，2003：135.
❹ 赵健. 学习共同体的建构［M］. 上海：上海教育出版社，2008：10.
❺ 陈中岭. 县域教研共同体的动力困境探微——基于中部某省某县级市实践的视角［J］. 教育理论与实践，2016（5）：16-21.
❻ 崔允漷，郑东辉. 论指向专业发展的教师合作［J］. 教育研究，2008（6）：78-83.
❼ Curry M., Jaxon K., Russell J. L., Callahan M. A., Bicais J.. Examining the Practice of Beginning Teachers' Micropolitical Literacy within Professional Inquiry Communities［J］. Teaching and Teacher Education, 2008 24（3）：660-673.
❽ 毛齐明，岳奎. "师徒制"教师学习：困境与出路［J］. 教育发展研究，2011（22）：58-62.

自主实践和自主发展的空间。只不过，要利用好这些条件与机会，教师必须担负起必要的责任：第一，教师（共同体）应当以学生自主发展中的问题为导向进行反思、学习和探究，以此努力提升自己的专业素养。第二，教师应当担负起发展学生自主性的伦理责任，努力排除各种障碍，为学生创造更好的自主学习环境。第三，教师要充分地认识到培养学生自主的可能空间，努力在课程、教学、管理和评估等方面寻找具体且可行的学生自主培养切入点。

第三节　研究主题

由研究述评可知，无论在应然意义还是在实然意义上，教师自主和学生自主都是"共进退"的。为了揭示师生自主的这种"耦合性"，本研究以"自主间性"为基本点，以课程理解为重心，多方面阐释师生自主的内涵、关系和实现条件。

一、主要的研究内容

借鉴"研究述评"部分的成果、启示和问题，"师生自主间性何以与如何可能"这一主题被细化为下列问题。

第一，自主间性概念的合理性。在这方面，具体回答创建自主间性的理论基础，自主间性（及个人自主）的主要内涵，自主间性的实体性质，以及自主间性对教育和教学研究的价值。

第二，师生自主间性的理想状态。如前提到，个人自主具有程度性，相应地自主间性也具有程度性。那么，师生自主的最充分表现应该是什么样的？由此进入教育场域，师生才能构建自主间性的最佳实践平台。

第三，师生自主间性的基本要素。一般来说，教学活动系统包括学生、教师和课程（以及规则）。那么，在自主间性和学生自主发展的理念下，学生自主如何理解，教师自主如何体现，课程内容应当如何被理解，班级规则又当包括什么内容？如此深究，教师和学生才能有效且恰当地筹划活动要素。

第四，师生自主间性的发展机制。教学活动是依时间顺序在课堂空间中展开的，教师与学生、学生与课程、教师与课程三者究竟如何互动，才能实现学生自主素养发展的相对优化？基于此，师生才有可能计划和实施具体的教学方案。

第五，师生自主间性的实践条件。在当下教学实践中，不少教师、学生和学校似乎还没有认真地对待学生自主素养的发展。本书为解决这些问题建言献策，以期为师生自主间性开辟更新的天地。

二、研究思路与方法

遵循认识问题的思维逻辑过程（从"为什么"到"是什么"，再到"怎么办"），本书运用分析、综合、比较等理论研究方法，以为什么创建"自主间性"概念为起点，逐次地论述师生自主间性的理想状态、基本要素、发展机制和实践条件，以充分地展开"师生自主间性何以与如何可能"。具体的研究思路和方法如下所述。

第一，进行历史性考察寻找"肩膀"。在梳理个人自主、教师自主和学生自主的现有研究成果的同时，借鉴维果斯基、列昂捷夫和恩格斯托姆的三代活动理论，以及其他教育学和心理学的问题解决等思想，在"绪论"部分采用综合法界定"个人自主""活动"和"问题（解决）"等基本概念。

第二，提出自主间性概念并加以证实。这部分运用演绎法从个人自主（尤其关系性自主）、主体间性、想象共同体等思想和范畴中引申出"自主间性"概念。作为自主间性之基础，个人自主将与活动结构通过比较而形成对应性关系。以此为基础，自主间性的内涵将得到阐释。在运用归纳法从认知自主、行为自主和情感自主等方面证明自主间性的实体属性后，用比较法对自主间性与主体间性、自主间性与"双主体"思想的关系（以及自主间性的耦合性和操作性）进行说明，以阐明自主间性概念对教育理论和实践的重要意义。

第三，描绘师生自主间性的理想形态。主要内容包括"以学生自主发展为旨归"（运用演绎法从"最近发展区"概念推导出"自主独立发展区"和"自主最近发展区"，以阐述学生自主发展的可能，运用类比法从法兰克福"意志自由"的等级程序性思想形成"高阶自主"和"低阶自主"观念，以表达学生自主发展的程度），"以存异性共识为行动基础"（根据个人自主的多方阐释并运用比较法来分析教师自主和学生自主的差异与同一，以对师生自主的可能范围形成基础认识），"以问题化课堂为生成环境"（通过比较问题解决和个人自主来理解"问题解决作为学生自主的发展动力"）。

第四，说明师生自主间性的基本要素。本部分用归纳法总结出学生问题解决对象的三种来源，用比较法分析学生自主和问题解决之间的对应性关系，以确定问题解决是学生自主素养的焦点。根据自主双重发展区理念，学生能运用自身能力解决其独立发展区范围的问题，其自主最近发展区的现实化则需要教师（和同学）的指导。基于此，运用演绎法将教师专业自主角色（设计者、组织者和对话者）进行具体化（问题解决的启动者、回应者和组织者），并运用归纳法论述课程的"问题解决"实质。根据活动理论的要求，本书还归纳和总结出师生自主间性实践所必要的课堂活动规范。

第五，呈现师生自主间性的发展机制。主要运用综合法并依据活动理论对前述师生自主间性的四个基本要素进行整合，并进行双重性的历时性展开（包括主体性准备、对象性准备、体验性生成和拓展性修炼；协同决定、协同调节和协同实现）。

第六，构想师生自主间性的实践条件。立足于师生自主间性理念，文末阐述师生实践自主间性所需要的内在条件和外在条件，以及学校支持师生自主间性实践的有关要求。

三、研究主题的意义

（一）理论意义

通过"主体间性"和"关系性自主"引申出"自主间性"概念，将深化教育领域主体间性的研究。在作为自主间性之基础的"个人自主"从多个维度（包括本体结构、实践结构和面向对象）被系统化地解读之后，人们也许更能把握教师自主和学生自主的共同本质，继而深刻地理解师生自主间性的核心内涵和理想形态。

通过论证个人自主内涵和问题解决过程的对应性关系，本研究将问题解决认定为学生自主发展的基本途径和核心动力。以此为前提，（源于人类自主实践的）课程的内容将被转变为学科问题解决活动，课程理解的实质被认为是认知问题解决过程。由此，教师自主的使命便是提供多种资源帮助学生解决问题，以促进学生自主双重发展区的现实化。至此，本研究不仅能贯彻教师自主与学生自主本质上相同，而且为教师自主表现与学生自主发展对应性互动提供了可能的途径。这将化解过往教育或心理研究主要（甚至仅仅）关注学生自主和教师自主的表现而轻视学生自主发展和课程内容的关系的问题，并扩展培育学生自主的研究视野。

在坚持师生自主相同内涵和把学生自主素养发展作为教育目标的基础上，本研究建立了师生自主间性的发展机制（问题解决的协同活动），并遵从问题解决顺序和"以学为本，先学后教"原则对其进行了展开性说明。该发展机制的建立为全面理解师生自主间性的发生和发展提供了相对完整的架构。同时，这也标志着师生自主间性（甚至主体间性）从抽象的理论探讨开始走向具体的实践范畴。

（二）实践意义

其一，通过对已有研究成果的"述评"，帮助人们认识到学生自主素养的可培养性、教师自主素养的可发展性、教师自主与学生自主的紧密关系，进而增强教师发展学生自主素养和自身专业素养的驱动力和可能行动。

其二，描述"师生自主间性的理想特征"和"师生自主间性的基本要素"，可能使人们从整体上发现师生自主的比较丰富的表现、课程理解的较深状态，理解师生课堂实践自主间性的内在要求，进而相对合理地评价师生自主实践的现实状态和引领未来的师生自主实践活动。

其三，分析"师生自主间性的生成机制"，有利于人们从整体上认识师生自主间性的生成过程（包括主体性准备、对象性准备、问题解决乃至拓展修炼），比较清晰地看到教师自主和学生自主的相互影响方式。这样，教师可能在心理上建立自主间性教学的全景，并据之有效地发挥专业能力。

其四，强调"师生自主间性的实践条件"，旨在促进人们认识到影响师生自主间性实践的主要环境，并找到有效地处理不良影响或建立良好环境的基本途径。

第四节　基本概念

一、个人自主

康德认为,"意志自律性是意志成为自身规律的属性,而不管意志对象的属性是什么"[1]。去除其道德意味的结果是,个人自主就是主体依据自己的意愿行事,而不受意愿对象或外界环境的约束。即使存在外在约束,人们也不能完全抹杀个体面向未来的意愿和意志。只不过,自主性将存在范围和程度之别。由于意志的介入,"自主的活动并非无方向的而是自我指导的"[2]。但是,方向只是对理想状态的期望,它的现实化还需主体立足现实并进行亲身实践(设计并努力执行行动方案)。正如关系性自主所表明的那样,个体始终嵌在社会网络之中,同时,在现实和目标之间既存在多种途径,也充满多种不确定性。因此,为使既定目标或方案成为现实,个体必须进行自我调节,"在一段时间内和不断变化的环境(情境)中控制其目标导向的活动"[3]。

综合所述,在生命活动(或情境活动)的意义上,个人自主是主体凭借自我决定和自我调节走向自我实现的状态。其中,自我决定对应活动的方向或目标,自我调节指向宏观路线、中观行为和微观技能的调整,自我实现则针对既定方案或已有技能的执行(为了表示学生自主的可培养性,本文倾向于用"素养"或"状态"来限定"个人自主")。

---

[1] 伊曼努尔·康德著,苗力田,译. 道德形而上学原理 [M]. 上海:上海人民出版社,2005:61.

[2] Atherton M.. The Relationship between Autonomy and Rationality in Education [J]. Educational Theory, 1978 28 (2):96–101.

[3] Karoly P.. Mechanisms of Self-Regulation: A Systems View [J]. Annual Review of Psychology. 1993 44 (1):23–52.

二、自主间性

哲学界进行"主体间性"研究的目的是理解"一个主体是怎样完全与正是作为另一个主体的另一个主体相接触的"❶。无论胡塞尔的"共现"、哈贝马斯的"达成共识",还是列维纳斯的"对他者负责",其思想根源和主线都可归于主体间性理念,即"不同个体主体通过共识等表现的一致性"❷。

自主间性是主体间性的"下位",是交互主体所表现出的主体性之"自主维度"。因之,自主间性并非简单地是"不同主体通过共识而表现出的一致性",而是凸显主体性(包括创造性、能动性、审美性等)中的自主性。在自主间性中,"共识"的内容不再重点关注既定活动的内容和方式,而是更为突出主体在活动中的自主表现,是基于个人自主、关于个人自主和止于个人自主的共识。这就意味着,自主间性将承认主体间的多方面差异(存异性共识),并将"一致性"的焦点从静态"规定"转向动态"融合/协同"。

基于"主体间性"并凸显其自主之维,本书认为自主间性是指交互主体就个人自主达成共识,依之合理表现个己自主,支持各方自主协同性生成的融合状态,即交互各方在团体性活动中的协同自主状态。下面对其内涵进行简要说明。

(一) 主体

本文的主体是精神自主与身体自主统一的主体。它区别于过往的主体性或主体间性研究所无意识地割裂出来的精神主体或身体主体。在这些过往研究中,主体大多是精神意义层面的,如把主体的属性描述为目的性、创造性、自主性、能动性等。尽管这些精神或心理"属性"离不开身体,但毕竟遮蔽或淡忘了身体,或多或少背离了提出主体间性概念的哲学家们的初心(消解身心二元对立)。这也许是现实教育中重智慧、轻身体的根源之一。

---

❶ T. 欧文斯著, 高地, 译. 现象学和主体间性 [J]. 世界哲学, 1986 (2): 57-62.
❷ 熊川武. 反思性教学 [M]. 上海: 华东师范大学出版社, 1999: 113.

（二）合理自主

自主性有"任性的""野蛮的""冲动的"和"合理的"等区别。在教学活动中，任何人都有自主要求和自主能力，但却有性质或强弱之别，因而造成不同意义和程度的结果。从性质上讲，只有合理的自主才是值得肯定并发展的，这是自主间性客观存在的原因。自主间性既支持各自的合理自主，又制约不合理的自主，求同存异立规范，对不大合理之"异"既存又"限"，以确保多方自主的协调或融合。

作为规范，自主间性是交往主体主观见之于客观的表现。有的自主间性是当下主体主观性的反映（如积极认同某社团的行为规范），有的自主间性是世代相传的（如许多普遍的道德自律要求），有的则是当下主体对传统共识的批判与改造。无论哪种情况，它们都是相关主体面向未来所作出的选择和坚守。由此可见，自主间性是主体都必须形成的意识，必须遵守的规矩。自主本身内含着独立性和独特性，所以，自主间性就是一种存异性共识。一旦自主间性成为主体的意识并指导其身体的效用器官，他们的言行就会出现"协同性"融合。

（三）自主融合

任何主体都拥有自己的或开放或封闭的自主场域。自主场域大致由自主意识、自主经验、自主能力与身体自主行动等构成。开放的自主场域既向其他自主场域敞开怀抱，也让其他主体的自主思想与行为等进入自己的自主场域。自主言行越是不同，越有纳入的价值。因为这为开放的自主场域提供了"新鲜"内容，使之吐故纳新，更加有生命力。这种自主场域互相开放互相包容的现象即自主融合。举例来说，在课程方面，教师拥有的自主场域至少包括课程目标、内容、途径、方法等方面的判断、选择、决策和行动等。封闭的场域意味着教师独断专行、自说自话，不顾学生的自主需要。如果教师主动征求学生的意见，把他们的自主意愿和言行等纳入自己的自主场域，学生向教师开放自己的自主场域，积极支持并采纳老师的安排与要求，那么，他们不仅将增强自己的自主间性意识，而且会促进其自主知识、经验、能力等的发展。

三、问题

"问题"可从心理学、认识论和语言学❶以及实践论等维度进行探讨。

从实践论的角度看,问题出于个体对未来美好生活的向往(甚至基于社会对个体的要求),其内容是内在自我(理想自我和现实自我)与外在环境(理想环境和现实环境)及其要素存在的多重矛盾,其解决过程则是自我与环境通过其要素或其间关系的改变而达成新的平衡。这种实践论意义上的"问题"设计因素颇多,可进一步分解和思考(主要包括主体、对象和工具)。

从认识论的角度看,"问题本身无非就是某种包含早已判明的事实、关于有可能解决所提出问题的思想以及问题提法本身的不同知识的体系"❷。换言之,问题包含既定事实(或现状)、问题提出(或目标)和解决思路(或障碍)三种基本要素。任何要素的缺失都将使问题的确定性降低,使人更加难以面对和解决。转换到现实层面,问题提法和解决思路意味着主体具有必要的学科专业知识和技能,以理解所面对的特殊情境。

从心理学的角度看,问题源于个体进入特定情境后感受到某种困惑。这种困惑经由有意识思维而被个体所捕获,最后被个体选择和使用所在群体的语言符号记录下来(或呈现出来)。当然,由于生活经验、感知能力和客观情境等方面的影响,不同个体在同一情境中最终捕获的"问题"可能是不同的,其认知加工的过程与结果也有不同。

无论从前面哪个维度探讨,只有现实世界发生客观性的改变,"问题"才能真正地化解,真正地给个体带来意义。从生成与内化意义的角度上看,问题是实践对象及其各种要素的期望状态和现有状态之间的偏差;相应地,问题解决就是当前对象的要素及其关系被主体的能力表现所影响和改变,以达到其所期望状态的过程。

---

❶ 张掌然. 试论问题的微观特征 [J]. 武汉大学学报(哲学社会科学版),2005 58(6):774-778.

❷ 柯普宁著,彭漪涟,王天厚,译. 作为认识论和逻辑的辩证法 [M]. 上海:华东师范大学出版社,1984:207.

基于以上分析，为了更好地认识实践论"问题"的一体三翼，本文把用特定知识体系来理解的情境障碍称为学科问题（subject problem），可进行认知加工的心理困惑称为认知问题（cognitive problem），客观对象理想状态与现实状态的偏差称为真实问题（real problem），并有区别地运用。

四、活动

在传统意义上，"活动是人们对周围世界的改造"[1]。在这个过程中，人们在某种目的的指引下对周围的世界施加特定的影响，以所取得的结果来满足自己的需要。事实上，在这个过程中，人们也在积累外在事物和内在心理的信息与经验，从而实现着自身素养的发展。因此，更为全面地讲，活动包括人们对外在世界和自身心灵的改造。

根据维果斯基（Lev Vygotsky）的观点，活动具有主体、客体和工具三个基本要素。根据列昂捷夫（Alexei N. Leontyev）的理论，活动是以集体形式存在的（因而包括规则、分工和交往等要素），并具有需要、动机和目的等意义层次；在集体性目的指引下，全部主体、客体和工具在活动、行动和操作等水平上发生相互作用。根据恩格斯托姆（Y. Engeström）的观点，每个活动都可能由多个独特的团体来执行，因而每个团体的活动内嵌在更大的活动网络之中。[2] 可见，任何活动都是情境性的。

综上，（情境性）活动是人与其行动对象发生相互作用，并通过维持相互关系以创造和生成意义的系统。在既定的活动中，个人的心理过程得以外化，外在的实践关系能够内化。

---

[1] 杜殿坤. 原苏联教学论流派研究 [M]. 西安：陕西人民教育出版社，1993：46.
[2] Engeström Y.. Expansive Learning at Work：Toward an Activity Theoretical Reconceptualization [J]. Journal of Education and Work，2001 14（1）：133－156.

第五节 理论源泉

为了能够有效地展开对师生自主间性这一主题的探索,本文汲取了自我调节(学习)理论、问题解决理论和活动理论等方面的研究成果。

一、自我调节理论

在20世纪80年代,戴西等人提出了自我决定理论,用以解释人类行为的动机过程。自主这种心理需要被认为是"理解目标追求的'什么'(如内容)和'为什么'(如过程)的关键"❶,主要包括自我调节和自我组织两个方面。其中,"自我调节是指这样的内在和/或相互作用过程,它们使个体能在一段时间内和不断变化的环境(情境)中控制其目标导向的活动"❷。这样,调节意味着主体能够理性地或自动地运用自己掌握的策略、知识和技能,对自己的认知、行为或情感等进行调整。假若由于意外因素的挑战、行动方案的欠缺或个人能力的不足,既定的活动程序受到阻碍,那么,自我调节的过程就会启动。大致地,自我调节包括五种相关的组成阶段:(1)目标选择;(2)目标认知;(3)导向维持;(4)导向变化或重新优先化;(5)目标终止。❸

齐默曼提出了自主学习模型(见图1)。从中可见,自我调节学习要求个体对内在自我、外显行为和客观环境进行综合的判断,采取有效措施对三者的具体内容进行干预,通过这种结构的运行发展各种能力。对具体的学生而言,学校情境包括教师、同学和课程等要素。在内化的意义上,学

---

❶ Deci E. L. & Ryan R. M.. The "What" and "Why" of Goal Pursuits: Human Needs and the Self-Determination of Behavior [J]. Psychological Inquiry, 2000 11 (4): 227-268.

❷ Karoly P.. Mechanisms of Self-regulation: A Systems View [J]. Annual Review of Psychology. 1993 44 (1): 23-52.

❸ Karoly P.. Mechanisms of Self-regulation: A Systems View [J]. Annual Review of Psychology. 1993 44 (1): 23-52.

生自主的水平能够反映教师自主水平、课程内容与质量、学生先前经验的互动质量，其内容则是根据个性自我对教师指导和课程内容的选择性吸收。因此，为了培养学生自主素养，教师必须认真建构课堂以及学校的物质、信息和心理环境。

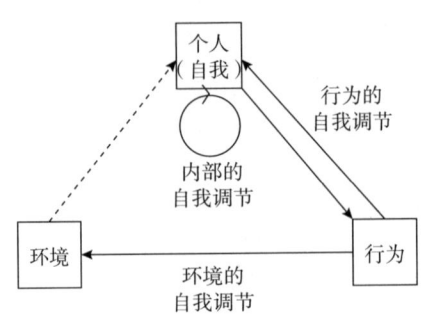

图1　自主学习模型

改自：Zimmerman B. J. . A Social Cognitive View of Self‐Regulated Academic Learning [J]. Journal of Educational Psychology, 1989 81 (3): 329‐339.

就其中的"内部的自我调节"部分，齐默曼构建了更为细致的自主学习过程模型（见图2）。自主学习主要包括三个相互接连的阶段：筹划阶段（任务分析、自我动机信念）、行为表现阶段（自我控制、自我观察、自我实验）和自我反思阶段（自我判断、自我反应），在每个阶段，"自我"都在积极地发挥作用。

学生自主素养的发展主要通过自主学习实现；反过来讲，他们在自主学习过程中的任何状态都影响自主素养发展的质量。上述自我调节模型和自我调节学习过程对个体自主的内在思维过程进行了较为细致的说明，因而为我们把握教师专业自主的应有表现和学生自主素养的可能范围提供了重要的参照框架。但是，人们应当注意：自主学习虽属于但不等于同自主素养，前者面对课程，后者面向人生。学生在各阶段的自主表现都是在之前不断学习的过程中逐步建构起来的；学生的成败经验需要经过教师良好的指导，才能成为他们的有效能力，并为他们的"自我"建构提供素材。因此，教师不能仅从课堂教学的成败判断学生自主发展的可能性，而是要把自主学习放在终身教育和全面教育理念之内，并努力提供安全的课堂环境和自主支持。

绪　论

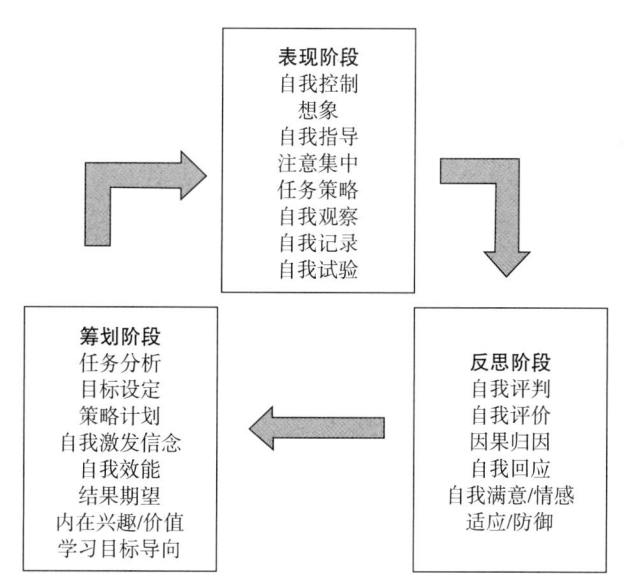

```
        ┌─────────────┐
        │  表现阶段    │
        │  自我控制    │
        │   想象       │
   ┌──→ │  自我指导    │ ──┐
   │    │  注意集中    │   │
   │    │  任务策略    │   ↓
   │    │  自我观察    │
   │    │  自我记录    │
   │    │  自我试验    │
   │    └─────────────┘
┌──────────┐            ┌──────────┐
│ 筹划阶段  │            │ 反思阶段  │
│ 任务分析  │            │ 自我评判  │
│ 目标设定  │            │ 自我评价  │
│ 策略计划  │ ←───────── │ 因果归因  │
│自我激发信念│            │ 自我回应  │
│ 自我效能  │            │自我满意/情感│
│ 结果期望  │            │ 适应/防御 │
│内在兴趣/价值│           └──────────┘
│学习目标导向│
└──────────┘
```

图 2　自我调节学习过程

引自：Zimmerman B. J.. Becoming a Self-regulated Learner: Which are the Key Subprocesses? [J]. Contemporary Educational Psychology, 1986 11 (4): 307 – 313.

二、问题解决理论

西方心理学者对问题解决（problem solving）进行了大量探索。根据其包含解决问题所需信息（包括现状、目标和思路）的完整性，问题大致分为"确定性"（well-defined，又译"定义良好的"）问题和"非确定性"（ill-defined，又译"定义不良的"）问题。[1] 相应地，问题解决中的"解决"包含两种含义：其一是找到问题的最后答案，其二是找到解决问题的方法（步骤）。[2] 对于非确定性问题而言，不同个体可能由于经验的差异而构设出不同的条件性内容，因而获得不同的解决结果。

问题解决活动（见图3）包括很多环节，其核心则是两个相互联系的过程：（1）了解问题情境从而建立问题表征；（2）寻找解决问题的途径。就前者而言，其主要任务是对问题形成精细的认知表征，从而构建问题空

---

[1] 罗伯逊著，张奇，译. 问题解决心理学 [M]. 北京：中国轻工业出版社，2004：10.
[2] 罗伯逊著，张奇，译. 问题解决心理学 [M]. 北京：中国轻工业出版社，2004：6.

间。其中，构成问题空间的主要信息源有任务情境对状态、操作和限制的推理，背景推理，先前经验，错误信息，解题步骤，外部记忆，指导语。毋庸置疑，问题形成的任一环节都要求个体具有某种领域的背景性知识。否则，个体将无法提出、分析或解决问题。就后者而言，研究者已经归纳出几种重要的方式，包括启发法、试误法和手段—目标分析。❶ 无论前者还是后者的结果，它们都必须经受真实世界的检验，才能算是真正解决问题。

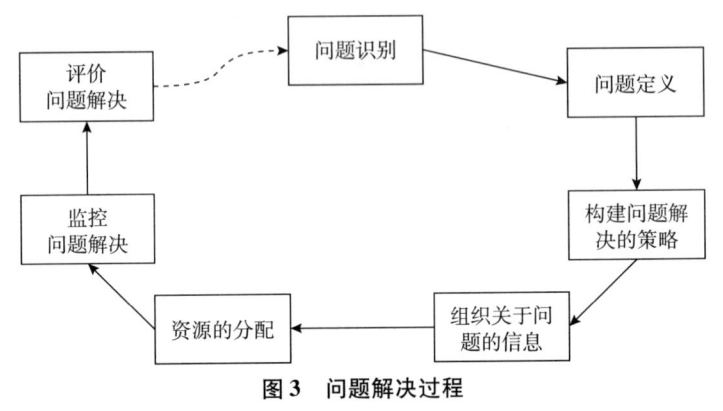

图 3　问题解决过程

引自：Sternberg R. J. & Sternberg K.. Cognitive Psychology (6th) [M]. Belmont：Wadsworth，2012：445.

教育学者杜威（John Dewey）提出了"五步思维"，实际就是非确定性问题情境的基本处置过程：（1）因为涉入未结案的、性质尚未完全确定的事情而产生困惑；（2）试探性地解读已知的部分，认为这些部分可能带来某些后果；（3）仔细勘测所有可能的可行思路；（4）做成试探性的详尽假设，使思路更明确而连贯；（5）根据预做的假设拟出行动计划，将计划应用到既有的情况上，从而检验先前的假设。其中的第三步及第四步能做到什么程度、做得多么准确，乃是反思经验与尝试错误式经验有别的关键。❷ 这个问题解决描述涵盖了情境、个体和行动等要素，因而给我们带来问题解决的完整解释。

---

❶ 罗伯逊著，张奇，译. 问题解决心理学 [M]. 北京：中国轻工业出版社，2004：38-54.
❷ 约翰·杜威著，薛绚，译. 民主与教育 [M]. 南京：译林出版社，2014：137.

一切生活皆为问题解决的过程,❶ 亦应是个体积极表现自主素养的过程。从涵盖的认知复杂性程度来看,非确定性问题情境对个体自主素养的要求最为全面:个体不仅要自己明确问题的方向,尝试性地分析问题,还要试图改变问题情境状态以达到自己或社会的要求。这样看来,非确定性问题情境是个人自主的最强表现场域。随着问题结构的确定性增加,个体自主表现的效率就越高,但相应自主能力的发展空间就越小。由于非确定性问题的要求更高且更全面,能为学生自主发展提供更大的空间,本研究中的"问题情境"主要是非确定性问题情境。

三、活动理论

(一) 维果斯基的活动理论

维果斯基更多地关注个体的活动及其发展。"任何活动都有环状结构:起初的内导作用→同对象环境实现接触的效应过程→借助返回联系对起初传入映象进行修正和充实"❷。在对象性活动中,主体和客体以工具(如语言和符号)为中介,并分别实现客体化和主体化(见图4),以及主客体/主客观的"意义"统一。

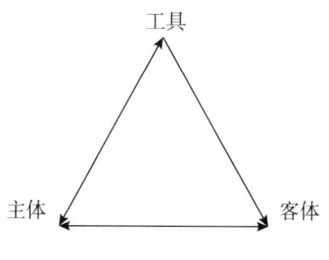

图 4 维果斯基的活动结构

根据社会历史—文化理论的观点,维果斯基并不认为个体活动是纯粹

---

❶ Popper K.. All Life is Problem Solving [M]. London:Routledge, 1999.
❷ 阿·尼·列昂捷夫著,李沂,译. 活动·意识·个性 [M]. 上海:上海译文出版社,1980:55.

个人意义上的。因为"外部和内部活动具有同样的共同的结构"❶，人可以将活动过程内化为一种心理活动结构，也可以将心理结构/过程外化为实践活动；由于"人的活动的工具化结构以及活动包含在与其他人的相互关系的系统中"❷，人的实践活动和心理活动可以通过协作和交流实现人际间的传递。因此，个体通过活动而发展，并通过交流而延续活动，进而实现自己才能的更大发展。

维果斯基的"活动"和"发展"观念可用于解释和设计学生个体的自主学习活动和教师个体的专业实践活动。为实现自身的自主素养发展，学生必须借助中介性工具（思维、语言或物质材料）与对象（尤其课程内容）进行持续的、特定形态的相互作用；教师也应借助工具（语言、文本或活动方案）为学生提供必要的发展情境和条件。在自主学习过程中，为了保证学生能够解决其遇到的语言、内容和方法甚至思维问题，教师和学生应当积极地互相关注，并进行有效的对话交往。

（二）列昂捷夫的活动理论

经过长期的研究，列昂捷夫认为，"活动是人类的社会性存在的一种具体形式，它包括自然现实和社会现实的有目的性变化"❸。按照他的观点，活动是以集体形态来进行的，个人只是有目的地参与和执行行动。活动存在于三种水平上："最上层的集体活动被对象相关的动机所驱动；中间水平的个体（或团体）行动被目标所驱动；最低水平的自动操作被手边的行动的条件和工具所驱动"❹（见图5、图6）。此外，立足于活动的集体性内涵，列昂捷夫还关注到共同体、规则和分工等相关问题。

---

❶ 阿·尼·列昂捷夫著，李沂，译. 活动·意识·个性［M］. 上海：上海译文出版社，1980：67.

❷ 阿·尼·列昂捷夫著，李沂，译. 活动·意识·个性［M］. 上海：上海译文出版社，1980：63.

❸ Davydov V. V.. The Content and Unsolved Problems of Activity Theory. //Y. Engestrom, R. Miettinen, R. – L. Punamaki. Activity Theory［M］. Cambridge: Cambridge University Press, 1999：39.

❹ Engestrom Y., Miettinen R., Punamaki R. – L.. Activity Theory［M］. Cambridge: Cambridge University Press, 1999：introduction 4.

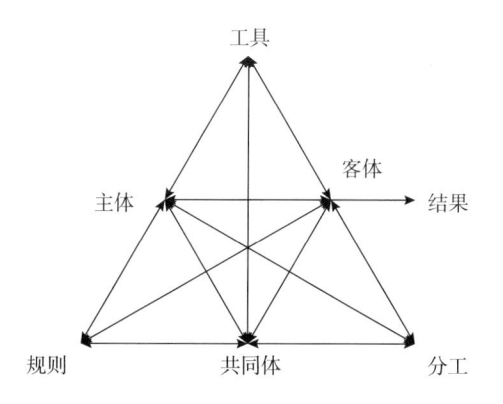

图 5　列昂捷夫的活动结构

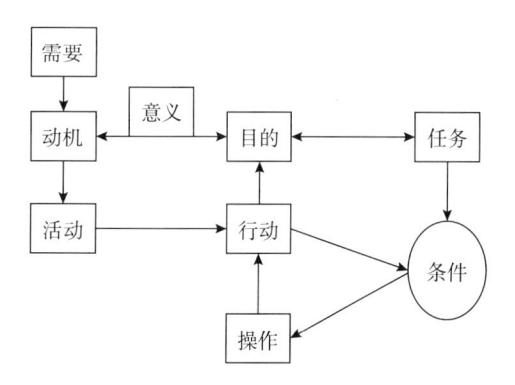

图 6　列昂捷夫的活动层次

引自：杜殿坤. 原苏联教学论流派研究［M］. 西安：陕西人民教育出版社，1993：46.

然而，集体与个人虽不可简单分割，但亦不可相互替代；我们可以认为，无论集体还是个人，他们都有其需要、动机和目的，都能进行"活动"和"行动"。列昂捷夫的活动理论可在以下方面辅助师生设计和组织教学活动。其一，为实现班级全体学生自主素养的真实性发展，教学活动设计必须统筹全局，并关注细节（包括结构和意义）和操作性（包括认知、行为和工具等）。其二，为了保证课堂自主学习的有序实现，在满足自身需要的前提下，教师和学生应该认真思考课堂规则和任务分工（包括人际交往和学科实践两方面），并学会团队合作所需的基本技能。其三，在保证学生获得教育制度所规定课程内容的过程中，教师应当大胆探索和创设课堂教学活动，使这些课程内容与学生建立真实的意义关联，使之转化为后者真正的自主素养。

（三）恩格斯托姆的活动理论

随着时代的前进，社群之间的交流活动空前活跃，多元文化等观点逐渐受到社会更多的承认和尊重。在此背景下，恩格斯托姆进一步发展了列昂捷夫的活动理论。他更为关注真实情境中的活动和活动系统之间的关系（见图7）。他认为，"活动系统之间的网络提供了工具的移动。这些资源可在局部联合活动中以新颖的方式被结合、使用和转变。因而，局部的具体活动同时是独特的和普遍的，暂时的和长久的"❶。

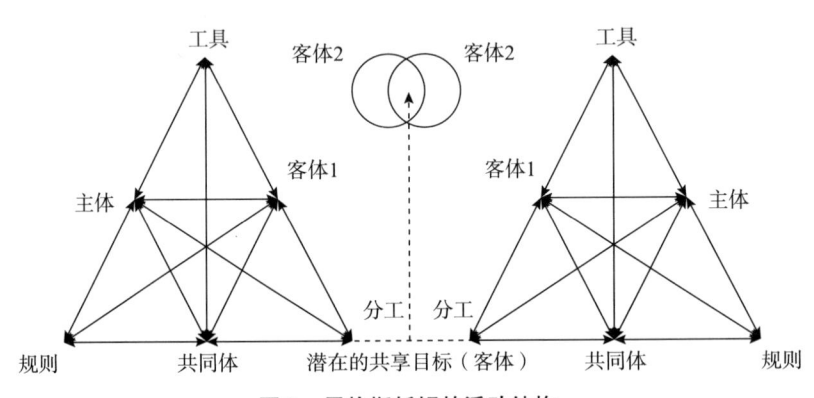

图 7　恩格斯托姆的活动结构

引自：吴刚，洪建中，李茂荣. 拓展性学习中的概念形成——基于"文化—历史"活动理论的视角 [J]. 现代远程教育研究，2014 (5)：34-45.

恩格斯托姆的理论提醒我们：每个（或每组）学生的经验和观点都是复杂的，其活动目标可能一致或不一致。无论何种基础，立足全体学生自主素养的现实并致力于其最大化的发展，教师应当积极地发动师生间和生生间的对话以建立存异性目标，依此发动个体（或小组）活动，并在某种程度或范围内维系它们的协调。

总体而言，活动理论有以目标为导向、具有层级结构、内化（internalization）和外化（externalization）结合、具有工具性中介和发展五大基本

---

❶ Engestrom Y., Miettinen R., Punamaki R. - L. Activity Theory [M]. Cambridge：Cambridge University Press, 1999：introduction 8.

原则。尤其,"活动理论承认在人类活动的每个水平上持续运行的两个基本过程:内化和外化。内化与文化再生产有关;作为创造新工具的外化使其转变成为可能。这两种变化是不可分割的,互相交织的"❶。内化与外化不仅发生在人—物相互作用的过程中,而且发生在人—人相互交往的情境中。由于师生自主的表现和互动都以教学活动的形态展开,师生自主间性的研究必须认真地对待活动理论的这一核心。

综上所述,自我调节理论能为"个人自主"提供心理机制,问题解决理论能为"个人自主"提供客观情境,活动理论能为师生"自主间性"提供行动框架。这样,"师生自主间性"这一研究主题具有了从概念层面逐步走向实践层面的可能。

---

❶ Engestrom Y., Miettinen R., Punamaki R. - L. Activity Theory [M]. Cambridge: Cambridge University Press, 1999: introduction 10.

第一章 自主间性概念的合理性确认

现实地讲,任何个体都内嵌在某种社会关系之中。因之,人没有完全的自主性,只有有限的自主性。在一定的时空中,这些主体所具有和表达的自主素养将会相互交织。"相互交织"一旦形成,便在某种程度上脱离了个体自主的控制,影响各方自主的后续表现,并要求得到个人自主的尊重,成为内含并超越个人自主的公共性存在。本文将此"相互交织"的状态称为"自主间性"。

第一节 自主间性概念的思想基础

"自主间性"并非一时起兴之论,而是具有坚实的理论基础。下面将对个人自主、主体间性和共同体主义(communitarianism)等思想进行演绎推理,以确认"自主间性"概念的合法性。

一、个人自主之批判的结果

在有些学者看来,个人自主就是本真的存在、绝对的自由。然而,无论"本真"的证明还是"关系性自主"思想的出现,最终都否定了"绝对自主"的存在可能。

(一)个人自主的内在张力

有些学者认为,个体具有绝对自主的可能。例如,法兰克福把二阶欲望看作自主的终极来源，密尔则把个性等同于自主。❶ 这些观念都是"用不同的方式来指称自主性概念的内部张力"，将自主重新定义为"把一个人自己从内部的标准化解放出来的过程"❷。换言之，在这些观念中，个体努力追求一个内隐的、对自己真实的自我。"对我自己真实意味着对我自己的原发性真实，而这是个只有我才能阐明和发现的东西。在阐明它的过程中，我也在定义我自己"❸。即使个体能够意识到自身出现新奇的思维片段，那么，他又如何判断这些东西必定属于真实的自我？解决这一问题的途径只能是与他人进行对话。然而，一旦个体这样做，自主就不能被认作个人的事情。正如有学者所言，"要知道一个人是自主的和被认为是自主的，个体就必须对先于行动或决定或作为前者之基础的思考给出解释、说明。为使这种解释有道理，个人不仅要对别人讲语言，还要讲他人的语言"❹。这就意味着，绝对自主先天地呼唤自主间性的存在。

事实上，自主（autonomy）源于希腊语"autonomie"。古希腊语中"autonomie"的原义是"雅典的自主存在于不屈从于其他城邦的统治"❺。当此语迁移到个人身上时，仍然强烈地带有"摆脱控制"的意味，如"自己成为自己行动的主体，不依赖他人（有时排除他人的干预）自由地作出自己的判断、主张和行动"❻。然而，"脱控"并不绝对地排斥"依赖"。从成长历程看，儿童与成人在某些方面和某种程度上必然会处于被控制与控制的关系；儿童的自主及自我认同只能在这种关系中发生和发展，"认同是在社会关系的情境中形成的，并被大量有趣的社会决定因素所塑

---

❶ Haworth L.. Autonomy: an essay in philosophical psychology and ethics [M]. New Haven: Yale University Press, 1986: 54, 166.
❷ 亨齐曼. 自主性、个性和自我决定. //詹姆斯·施密特编，徐向东，卢华萍，译. 启蒙运动与现代性 [M]. 上海：上海人民出版社，2005：514.
❸ 查尔斯·泰勒著，程炼，译. 本真性的伦理 [M]. 上海：上海三联书店，2012：38.
❹ Crittenden J.. The Social Nature of Autonomy [J]. The Review of Politics, 1993, 55 (1): 35-65.
❺ Haworth L.. Autonomy: an essay in philosophical psychology and ethics [M]. New Haven: Yale University Press, 1986: 11.
❻ 钟启泉. 关于儿童"自主性"发展的心理学考察 [J]. 教育理论与实践，1995 (1): 9-11.

造"❶。即使儿童自出生起就已具有独特的生理和心理、需要和理想，也必须通过与他人积极互动，才有机会将之显现或实现。可见，现实世界中的个体只有有限的自主性。无论在消极还是积极的意义上，个体自主都潜在地承认着自主间性的存在。

（二）关系性自主的耦合物

女性主义者大多承认个人自主所具有的关系性，并意图用"关系性自主"（relational autonomy）来取代"个人自主"。他们强调，任何现实的主体都嵌入在丰富且复杂的社会性关系和历史性环境中；自主只不过是"人们据其能够协调自我选择的目标与社会影响产生的义务"的理想状态。这种关系性转向意味着，"自主的自我"要从个性化的模式转化到嵌入社会背景中的模式，要强调个人能动性与社会嵌入性的平衡。当然，社会背景也非固定的，而是根据个人自主的表现而发生动态的、对应性的变化。因此，个人自主存于社会情境中全部主体的"自主协同"过程，并接受"协同自主"的共识。

"关系性是个人自主的内在本质"，这一观点意味着，自主性天然地存于主体之内，并存于主体之间。一方面，任何个体都会或多或少注意到己方自主和他方自主的价值，并希望与他人共同完成某种有意义的活动；另一方面，在相互交往或共同活动的过程中，每一个体都会希望以特定的方式发挥自身的力量，以满足自己和群体的独特需要。在这种共同活动中，交往双方的关系性自主发生质变：交往各方积极地发挥原初自主精神形成某种"共识"的存在，后者反过来在一定范围内积极地约束着各方的后续自主表现。可见，关系性自主经过"耦合"形成了超乎寻常的"自主间性"。

二、主体间性的本体性意蕴

一般地讲，"在主体和主体的交往中形成了主体间或主体际关系，由

---

❶ Mackenzie C. & Stoljar N.. Raltional autonomy: feminist perspective on autonomy, agency, and the social self [M]. New York: Oxford University Press, 1999: Introducation 4.

此而衍生出了主体间性或交互主体性"[1]，其实质是"不同个体主体通过共识等表现的一致性"[2]。因此，交互双方的个己主体性（尤其作为核心的自主性）是主体间性的存在基础。

（一）自主性作为主体间性的核心基础

作为主体间性的基础，主体性就是个人在实践过程中表现出来的能力、作用等特征。在人类社会中，不同个体可能参与不同性质的活动，表现出不同的思维和行动方式，并形成不同形态和性质的产物。有学者认为，主体性包括自主性、主观性和自为性等内容；[3] 有学者则认为，它包括能动性、创造性和自主性等方面，等等。[4] 这些见解虽有争议却非截然对立，而是存在诸多共同之处，即"人的主体性是人作为活动主体的质的规定性，是在与客体相互作用中得到发展的人的自觉、自主、能动和创造的特性"[5]。这些具体划分并非学者们任意为之，而是言有所指。例如，创造性是指生产既新颖（独创的、预想不到的）又适宜（不超出现有条件的限制，且有用的）产品的能力，[6] 倾向于从产品特质来评价主体；自主性则意味着"人对于影响和制约着它的存在、发展的主客观因素有了独立、自由、自决和自己支配自己的权利和可能"[7]，倾向于从个性化的内在素养来评价主体。

这些特征虽能共存于同一活动，但它们的地位不尽相同。其中，自主性统领其他特征并贯穿整个活动过程。主体之所以能够具有创造性、能动性和自觉性，就在于他自身是自主、自由的存在物。[8] 因为自主或"自我"，个体能够抓住世界的本质而避免外在的迷惑，能够摆脱现实去想象

---

[1] 郭湛. 论主体间性或交互主体性 [J]. 中国人民大学学报，2001 15 (3)：32 - 38.
[2] 熊川武. 反思性教学 [M]. 上海：华东师范大学出版社，1999：113.
[3] 刘福森. 主体、主体性及其他 [J]. 哲学研究，1991 (2)：49 - 53.
[4] 李林昆. 对主体性问题的几点认识 [J]. 哲学研究，1991 (3)：25 - 32.
[5] 郭湛. 主体性哲学——人的存在及其意义（修订版）[M]. 北京：中国人民大学出版社，2011：23.
[6] Sternberg R. J., Amabile T. M., Lubart T. I. et al. Handbook of Creativity [M]. New York：Cambridge University Press，1999：449 - 460.
[7] 袁贵仁. 主体性与人的主体性 [J]. 河北学刊，1988 (3)：23 - 29.
[8] 袁贵仁. 主体性与人的主体性 [J]. 河北学刊，1988 (3)：23 - 29.

自己和世界的理想存在，能够通过自己的筹划和行动来建构起现实与理想之间的桥梁。尤其在特殊情境中，如程序化活动难以维持，或出现未曾遇到的挑战，个体更需具备良好的自主素养（强大的自我决定、自我调节和自我实现技能和意志）。由于自主性的存在，个体才能够更好地面向未来和超越现实。因此，自主性是主体性的核心，也是主体间性的核心基础。

（二）自主间性作为主体间性的核心内容

自主要求主体自己确定活动的方向和路线，但不等同于个体具有绝对自由。"所谓在只关个人的事情上的个人自由，其含义中也相应地包括着若干个人在只关他们而不关他人的共同事情上经相互同意来共同规定的自由"❶；潜在的"相互同意"内含着集体成员对每一个体自主之范围的有限承认，更内含着集体成员就个体自主和团体自主所达成的共识。在活动过程中，这种"共识"潜默地引领或规范个体的自主表现。相比而言，团体活动（尤其问题解决项目）更是其成员共同发挥自主性的过程。为保证集体任务的顺利完成，各个成员首先积极表达自己的自主能力和要求，理解他人的自主要求和内容。在此基础上，全部成员要承认和尊重各方自主的合理差异，积极协商并找出其主张在目标上的共同和在行动上的互补，消除其间可能存在的矛盾，并据之约束后续的集体行动。

现实地讲，在共同活动或主体间性生成的过程中，参与交往的个体的自主性、创造性和自觉性等共存于活动之中，相互影响并交织在一起（具体表现有自主—自主、创造—创造，甚至自主—创造等）。但是，无论在松散还是紧密的联合活动（包括公共规则制订、集体项目任务甚至个人培训）中，为了保证主体间性的充分生成，这些个体都需要服从通过个人自主表达与交流形成的"自主共识"（即自主间性），既要积极地发挥自身的自主性以促进"自主间性"的深化，也要积极地接受"自主间性"以约束自身的表现（包括创造性）；否则，主体间性就会因个人自主的极端或丧失而成为"无本之木"。这样来看，自主间性引领并约束着主体间性的发挥和发展，因而是主体间性的核心内容。

---

❶ 约翰·密尔著，许宝骙，译. 论自由 [M]. 北京：商务印书馆，1998：122.

三、共同体主义的实践诉求

每个个体都具有"归属需要"(the need to belong)这一社会性动机,❶希望从某一共同体中获得安全感,继而希望与他人共建"命运共同体"。

(一)想象共同体作为自主间性的结果

在现代世俗社会中,社会想象(social imaginary)是人的基本存在方式。"特定历史时期的社会想象是十分复杂的,它包含一种我们相互拥有的正常期待感,并促使我们形成社会生活集体实践的共同理解"❷。这种共同"想象"既是事实性的,是生活于其中的个体所能感受到的,又是规范性的,约束着这些个体的言语与行动。对任何个体而言,"共同体"的理解都内含其个人自主或多或少的发挥和贡献,并渗透进其对"何为个己自主的合理表现"的"想象"。这样来看,生活共同体就是全部成员协同地发挥自主性,共同"想象"所达成的成就。换言之,想象共同体是自主间性生成的结果。

当下的共同体虽然是想象的结果,但非单纯地以观念形态存在,而是通过人们的有序活动或集体性活动表现出来。这在严重的、紧急的事件(如地震)中表现得尤为突出。"人类社会的重大事件都是通过共同行动来承担的,或者说,人类更多地是通过共同行动去展示人的社会力量的,并通过共同行动去证明人的共同体生活的"❸。这些集体性问题解决活动极强地证明着既定"想象"共同体的存在和价值,同时证明着个人自主协同所具有的强大力量可能。因此,人们愿意继续发挥自主性来想象更为完善的命运共同体形态,以更为丰富地获得个人生活的意义来源和支撑力量。

---

❶ Fiske S. T.. Five core social motives, plus or minus five.//李霞,朱晓颖,李文虎. 归属需要的研究进展[J]. 心理学探新,2010,30(2):86-90.
❷ 韩升. 生活于共同体之中:查尔斯·泰勒的政治哲学[M]. 北京:中国社会科学出版社,2010:210.
❸ 张康之,张乾友. 共同体的进化[M]. 北京:中国社会科学出版社,2012:354.

(二) 命运共同体作为自主间性的目标

近代社会以来,"个人的'内在自我'被发现并被赋予独特的价值,使得个人从有机共同体中'脱嵌'出来,获得了具有个人主义取向的自我理解"❶。作为这种理念的具体化,个体被允许和鼓励具备与表达自主性,主动地建构个人生活及其对自我的意义。然而,我们不能忘记个人自主理念广泛传播的宏观背景,即社会关系网络逐渐变得脆弱和多变。"脆弱"意味着自我极易成为原子式的、孤独的存在;"多变"意味着自我极难找到安放自己的稳定处所。尤其明显的是,在面临各种世界性难题、重大事件的时候,个人自主可能停于其外或者无处介入,最终丧失真实存在的可能。为避免此种情形,命运共同体成为一种必然选择。

命运共同体意味着共同体的组建与维护基于共同的命运,要求每一成员有机地结合"共命运"伦理自觉与"同命运"伦理自醒,并把"共命运"的伦理共识和责任担当有机地统一起来。❷ 在命运共同体的具体实践中,每一个体不仅要关心个己内心的积极性自主(proactive autonomy)的表达,也要接受现实环境对回应性自主(responsive autonomy)的要求,更要与他人积极地实践自主间性来"想象"、迎接和缔造未来的命运。

综上所述,作为主体间性的核心内容,自主间性是一种内含并超越个人自主的公共性存在,并能够从个人自主、主体间性和共同体主义等思想及其论证中获得概念合法性。通过创造"自主间性",主体间性思想将获得细化但更为深入的讨论,交互主体自主的关系将会得到更为"统一"的认识。

---

❶ 查尔斯·泰勒著,程炼,译. 本真性的伦理 [M]. 上海:上海三联书店,2012:导言7.
❷ 王泽应. 命运共同体的伦理精义和价值特质论 [J]. 北京大学学报(哲学社会科学版),2016 53 (5):5–15.

第二节 自主间性概念的基本内涵

一般地讲，主体间性就是"不同个体主体通过共识等表现的一致性"❶。参照此概念并凸显其自主性维度，本文将交互主体自主的协同状态称为自主间性（interautonomy），即在活动情境中，交互主体就个人自主达成共识，依之合理表现个己自主，支持各方自主协同性生成的融合状态。

一、个人自主的基本内容

与主体间性类似，自主间性是个人自主在交互主体上的延伸性存在，是交互主体自主性的协同表达。为了更好地理解自主间性，下文将对作为基础的个人自主❷进行较为详细的阐述（见图8）。

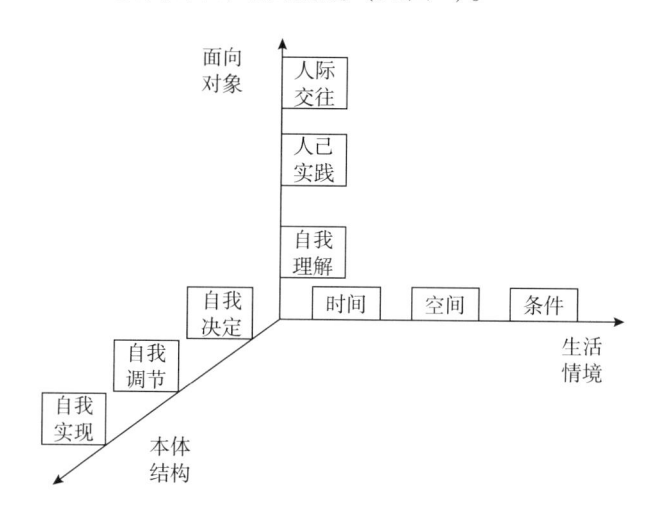

图8 个人自主的多维组成

---

❶ 熊川武. 反思性教学 [M]. 上海：华东师范大学出版社，1999：113.

❷ 注：一般地，自主 xx（autonomous xx）指个体积极 xx 的过程及其行为，XX 自主（Autonomy of XX）指个体积极进行 xx 的态度及能力；XX 自主通过自主 xx 表现出来。教育的任务应是帮助学生从自主 xx 走向 XX 自主。

(一) 个人自主的本体结构

通过综合个人自主的研究成果，本研究提出：个人自主是主体凭借自我决定、自我调节走向自我实现的状态。以面向短暂/长远的未来为前提，自我决定、自我调节和自我实现构成完整自主的本体结构。

1. 自我决定

自我决定是指主体凭借自己的意志来确定将要进行的活动或其内含的组成性要素。(1) 自我决定的主体是有主见的人，具有现实自我和可能自我两种自我表征。其中，"可能自我代表的是个体对于其可能成为什么，其想要成为什么，以及其害怕成为什么的想法"[1]。这种主体非常清楚自己的需要，并积极地构建活动以获得自己所需和超越现实自我。(2) 自我决定的属性是"凭借自己的意志"。简单地讲，"当我们行动之时，因为我们被我们的欲望所打动"[2]，因而，这一属性体现着主体身心的主动卷入。从意志范围看，个人自主包括认同自主性（涉及单个行为的归属问题）和同一自主性（涉及多方面行为作为整体的问题）。[3] (3) 自我决定的动作是"确定"。它的具体方式可能是认同他人提供的活动，选择他人提供的多种活动，甚至创造某种形式的活动，唯一排除的来源是他人强迫提出的无意义任务。由此可知，自我决定与他者（及其自主行为）是相关的，甚至可能是积极相关的。(4) 自我决定的对象是将要进行的活动或其要素（包括目标、内容、方式）。其中，目标表征是需要或动机的具体化，在活动中具有支配性的地位。凭借目标表征的内容、抽象水平和解释组织，主体的高阶认知能够存储、组织、转化和激发关于自我、世界和自我—世界转化的信息，以便潜在地促进目标导向行为的动员。[4]

---

[1] Markus H. P. Nurius. . Possible Selves [J]. American Psychologist, 1986 41 (9): 954 – 969.

[2] Fleming N. . Autonomy of the Will [J]. Mind, 1981 90: 201 – 223.

[3] 段素革. 认同与自主性——H. G. 法兰克福意志自由概念探析 [J]. 河北师范大学学报 (哲学社会科学版), 2011 34 (4): 49 – 54.

[4] Karoly P. . Mechanisms of Self – regulation: A Systems View [J]. Annual Review of Psychology. 1993 44 (1): 23 – 52.

2. 自我调节

自我调节是指活动主体主动调整认知、态度和行为以改变既定活动的要素及其间关系。(1) 自我调节的主体是已经进入活动目标或活动方案现实化阶段的人。"调节"意味着主体在参与活动过程中遇到某种问题，并试图使情境要素的不当关系发生他所期望的改变；在交往情境（无论为了个己实践、团体任务还是为了情感沟通）中，它直接内含着个己自主与他人自主的积极相互影响。(2) 自我调节的途径是主体自身认知、态度和行为的积极改变。任何新任务总是包含个体从未接触过的因素，致使他的程序化活动受到一定程度的阻碍。个体需要有意识地调整自己的思想、情感、行为等方面的状态，并通过内在心理和外显行为的双重调整来改变问题情境。(3) 自我调节的对象是活动的要素及其关系。一旦活动进程或要素关系被预期可能无法达到既定目的，主体就需要对活动要素及其关系进行恰当的调整，使自己"在一段时间内和不断变化的环境（情境）中控制其目标导向的活动"❶。

3. 自我实现❷

自我实现是指活动主体依靠自己的认知和动作执行既定的活动计划，以试图获得期望的预定结果。(1) 自我实现的动作是"执行"，即主体直接地按照既定活动的内容及其要求进行身心操作。(2) 自我实现的对象是"既定的活动计划"。"既定"（而非"原有"）意味着主体执行的内容是其最终决定去实施的计划（原定计划或修改的新近计划）。既然计划是可以变化的，自我实现意味着主体要具有丰富的技能和坚强的意志。(3) 自我实现的目标是"试图获得期望的结果"。主体之所以实施某项活动，是因为他相信活动实施能满足自身的需要，并且其设计建基于某种客观的规律（因而具有实现的可能）。但是，目标毕竟包含主体对未来状态的主观信念，因

---

❶ Karoly P.. Mechanisms of Self - regulation: A Systems View [J]. Annual Review of Psychology. 1993 44 (1): 23 - 52.

❷ 注：在"需求层次理论"中，马斯洛将焦点放在正常人尤其"自我实现的人"（Self - actualized man）。所谓的"自我实现"是指人都需要发挥自己的潜力，表现自己的才能；只有潜力充分地发挥出来，人们才会有最大的满足感。与此不同，本文的"自我实现"侧重于活动的具体实施，可看作马斯洛"自我实现"的客观基础。

此，活动实施只是主体最大限度地"试图获得期望的结果"的过程。

无论在人生意义、成长意义还是情境意义上，完整的个人自主包含存在递进性包含关系的三个"自我"（见图9）：自我决定是指主体在现有能力、潜力和环境的基础上预设活动方案（或目标），"正是对可能成为什么而非对成为什么的能力的探求，让个体自己在某种意义上变得更好"[1]。自我调节侧重于主体观察与控制活动卷入、自我状态和客观现实，并根据预定目标或方案合理地调整和表达身心状态。自我决定的目标现实化还需要主体习惯性地使用认知技能和身体技能，对诸多因素进行系统化的考量或处理。因此，"在促进学生自主性的发展过程中，只关注动机强化而不注重能力提升是没有道理的"[2]。在此，我们还需要注意两点：在人生和成长的意义上，自我决定意味着主体必须面向未来；个人自主的任何成分都可与他人存在或深或浅的联系，都具有关系性质。

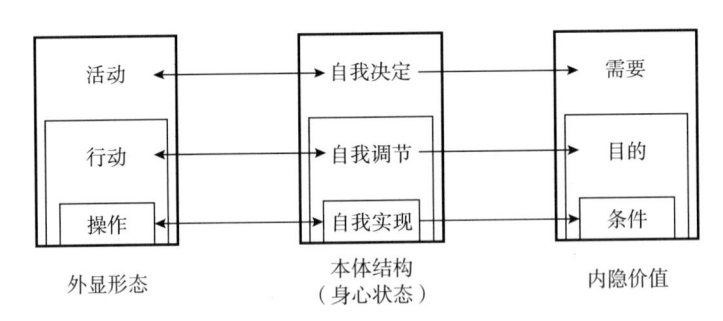

图9 个人自主结构的对应关系

（二）个人自主的实践结构

人的存在形态是连续不断的活动；这些活动以心理反映为中介不断地塑造着人的生命。[3] 在实践的意义上，不同结构完整性和不同性质内容的

---

[1] Gibbs P.. Deliberation, Capability and Action Research: Knowledge and Becoming [J]. Educational Action Research, 2014 22 (3): 428–440.

[2] Aviram A. & Assor A.. In Defence of Personal Autonomy as a Fundamental Educational Aim in Liberal Democracies: A Response to Hand [J]. Oxford Review of Education, 2010 (1): 111–126.

[3] 阿·尼·列昂捷夫著，李沂，译. 活动·意识·个性 [M]. 上海：上海译文出版社，1980：73–74.

活动（尤其问题解决活动）向个体提供着不同范围的自主表达机会，因而在不同程度上影响着其完整生命的实现，❶ 影响其如何建构面向未来的自我意象；作为心理反映之核心的认知自主则通过身体自主渗透至具体实践活动，向外部世界展现着个人的独特生命，并塑造着独特的周围世界。为了全面地认识个人自主，下文将阐述与其本体结构相对应的外显形态（包括活动、行动与操作）和内隐价值（含有需要、目的与条件）（见图9）。

1. 活动—需要（自我决定）

活动包括主体、客体和工具等要素（见图5～图7），这些要素在相互作用的过程中建立了意义关联。❷ 其中，主体具有一定的需要（如生理、安全、友爱与归属、尊重和自我实现），❸ 将形成指向并改造客观事物的具体目的，构建、参与和实施特定的活动，以期获得某种特定的产物或意义。由于主体的需要满足通过全部要素的相互作用而逐渐实现，所以，意义存在于整个活动。

"时间就是人的实践活动的展开，就是人的生命活动的展开"❹。那么，在活动历时性展开的过程中，个体如何保持意义的完整性呢？这就需要返回自我和意义的构造来回答。"自我的一个基本特征在于，它是一个过程，一个结构，其起因在于社会，作为一个整体而起作用，并受目的和意义的指导"❺。在实施活动前，个体通盘筹划该项活动，并在心理结构中保存它的意义。在活动展开过程中，他将参照该心理框架连续地判断行动的进程与质量，并据此把握和修正活动生成的意义。可见，活动及其意义始于自我决定。

如自我决定的内涵所规定的那样，主体可以根据情境的严重性、紧迫

---

❶ Oshana M.. How Much Should We Value Autonomy? // E. F. Paul, F. D. Miller Jr., J. Paul. Autonomy [M]. 2003: 99–126.
❷ 阿·尼·列昂捷夫著，李沂，译. 活动·意识·个性 [M]. 上海：上海译文出版社，1980: 105.
❸ 马斯洛. 动机与人格：英文（影印本）[M]. 北京：中国社会科学出版社，1999: 35–47.
❹ 干成俊. 社会时间是人的实践活动的展开——关于马克思哲学时间观的再思考 [J]. 学术界，2006 (5): 175–178.
❺ 简·卢文格著，韦子木，译. 自我的发展 [M]. 杭州：浙江教育出版社，1998: 64–65.

性等进行强自我决定（直觉或创造）或弱自我决定（认同或选择），从而"确定"自己的活动方向。因此，倘若个体关注活动结果而非其内容来源，便可以将活动筹划事项"交付"于他人；但是，筹划出来的活动必须满足实施主体的需求，从而生成属己的意义。❶

2. 行动—目的（自我调节）

"活动是人类的社会性存在的一种具体形式，它包括自然现实和社会现实的有目的性变化"❷。其中，目的是活动的关键成分，是意义的集中体现。它是人们为满足需要而设定的行动方向，是对活动各要素的未来状态的精简预设；反过来讲，个体的每个行动都指向活动情境的改变，以实现自身的目的或意义。在此意义上，"可以选择性地说行为是有意义的或意义决定了行为"❸（倘若个体关心活动结果而非实现过程，也可以将活动实施事项"让渡"给他人）。❹

在筹划活动阶段，个体不可能考虑现实和未来的方方面面，因而在实践过程中难免遇到障碍，如人际限制、资源欠缺和能力不足。这些障碍造成的实质性结果是活动及其要素的当下状态与期望状态存在偏差。面对此境，"自主的人有勇气去承认和处理冲突，而不是回避它或把它投射到环境"❺，积极地调整活动方案（包括思路、结构或内容）与其身心状态（包括认知、情感和行为），以有效地改变当下活动要素及其关系。❻

在多数情况下，为了适应情境变化和完成既定任务，主体需要对影响活动过程的客观因素进行修正。但是，"外因要通过内因起作用"，这种修

---

❶ 注：值得注意的是，社会或他人并非只能通过提供活动或其产品来满足某一主体的需要；在很多情况中，社会或他人可以通过环境的布置创造个体的需要（例如商业广告）。

❷ Davydov V. V.. The Content and Unsolved Problems of Activity Theory. //Engestrom Y., Miettinen R., Punamaki R. – L.. Activity Theory [M]. Cambridge: Cambridge University Press, 1999: 39.

❸ 简·卢文格著，韦子木，译. 自我的发展 [M]. 杭州：浙江教育出版社，1998：63.

❹ 注：个体获得他人行动的结果是存在且可以接受的，只要他人的行动及其结果是令人满意的即可。现实社会中的大量分工行为和交换行为已经充分地证明了这一点。

❺ 简·卢文格著，韦子木，译. 自我的发展 [M]. 杭州：浙江教育出版社，1998：22.

❻ 注：在现实社会中，当面对冲突时，个体可以选择进行自我调节来设法完成活动，也可能放弃活动的继续完成并选择新的活动方向。从教育立场和教学设计出发，本文对第二种情况将不予考虑。

正仰赖主体自我调节能力（包括认知、情感和身体）的合理表现❶，尤其心理自主和身体自主及其间要素的多重协调。其中，心理自主有助于个体对活动方案、过程及其结果进行有效的监控、分析和调整，身体自主则有助于主体联结活动（方案）的心理结构与实践结构并使之趋于平衡。

3. 操作—条件（自我实现）

任何行动都须由个体通过一系列的认知操作或身体操作来完成。由于行动的"间隔"，活动（或需要）与操作（或条件）的意义联系已不紧密，即意义难以在操作层面上显现出来。此时，主体只有积极地关注各操作动作的连续性和一贯性，才可能打开"间隔"并认识它们对自己生命的意义。❷ 相比而言，操作与条件的关系更为紧密。毕竟，主体若想要活动对象发生实在性改变，就必须基于现有的条件并借助必要的工具（包括物质工具、身体器官以及语言文字）来采取行动。

一般而言，行动的操作序列大多已被确定，主体只需关注并实施其认知操作和身体操作即可。"小事成就大事，细节成就完美。"为保证活动实施的进程和质量，主体必须自觉地保证每个操作的品质。尤其在指向客观事物的活动中，主体还需积极地施展身体自主能力，使身体意识和身体能力、身体表现与客观环境进入双重的协同状态。当然，前提是个体已有充分的认知和行为技能；否则，技能掌握就应是个体首要解决的问题。

总之，个人自主通过活动实现其内化（发展）与外化（表现）的交互。面对培育学生自主性的重任，"教育必须继续灌输知识并教授如何思考，但它必须首先教授如何'行动'。行动并非狭义地指个体行动或直接行动，相反，基于共享、团结和可持续发展的原则，它是仔细的反思性行

---

❶ 注：对于复杂的活动而言，其方案制订和质量反思本身是个体不断调整冲突因素并使之暂时和谐的过程。因此，当个体决定活动方向后，活动的设计调整过程可归为自我调节过程。在促进活动质量的意义上，自我反思也可归属自我调节。

❷ 注：倘若主体只关注自己的操作表现，那么，操作只对主体有体验性意义。由于多种因素（如生活习惯、工作常规）的影响，个体可能只需要关注操作层面即可；在这样的环境中，人们会逐渐形成模式化思维、行为，不再意识到活动的意义。习惯性活动的完成虽然包含认知操作和行为操作的调节，但由于操作的熟练化而无需耗费个体的过多精力。故本文将其归为自我实现类别。

动，负责任的行动和有公德心的行动"❶。

(三) 个人自主的面向对象

现实地讲，个体总会主动或被动地卷入社会网络，并参与其中的实践活动。在人与自我、人与自然和人与社会❷的交互过程中，个体逐渐对当下自我形成全面而深刻的认识，并不断建构未来时空的可能自我。只有个体对这三方面都有较好的认识，并对某方面形成良好的自我效能，才能真正地成为自主之人（见表1）。

表1 个人自主的实践表现

面向对象的表现结果		面向对象类别		
		自我理解	个己实践	社会交往
自主环节	自我决定	构造理想自我	设计活动任务	建构新型关系
	自我调节	改造不当自我	修正不当进程	调整不当关系
	自我实现	生成现实自我	实施常规行动	维持良好关系

1. 自我理解

在成长过程中，个体可以通过多种途径来理解并形成自我概念（包含真实自我、理想自我和应然自我）❸，进而形成对"个人自主"观念的心理认同。其中，个体有很多创造可能自我的方式，包括社会文化和历史环境作出的分类，媒体和直接社会经验提供的榜样、图像和符号，❹ 甚至个体的独特想象；个体将通过社会交流来获得应当自我，即个体应当具有的社会角色，包括职责、责任、义务等信念。❺ 这两种"自我"可能与真实自我存在矛盾，要求个体通过不断的思考或实践来探索"自己究竟是谁"，

---

❶ Roegiers X.. Curricular Reforms Guide Schools: But, Where to? [J]. Prospects, 2007 (2): 155 – 186.

❷ 注：西方和中国台湾等地区的核心素养体系更为详细地界定了学生参与人类生活所需掌握的基本能力。见蔡清田. 素养：课程改革的DNA [M]. 台北：台湾高等教育出版社，2011: 6 – 11.

❸ Higgins E. T.. Self – discrepancy: A Theory Relating Self and Affect [J]. Psychological Review, 1987 (3): 319 – 340.

❹ Markus H. P.. Nurius. Possible Selves [J]. American Psychologist, 1986 41 (9): 954 – 969.

❺ Higgins E. T.. Self – discrepancy: A Theory Relating Self and Affect [J]. Psychological Review, 1987 (3): 319 – 340.

以建立前进的连续性。

2. 个己实践

个己实践是指个体独立进行或参与进行的精神性和物质性活动（前者如表演，后者如制造）。在既定时空，个体只能进入人类社会的部分领域，再进行更为准确的自我决定，包括在多大程度上了解所选的领域，打算作出何种贡献，以及将会参加或组织什么活动。在某种意义上，这些自我决定的结果规定着主体可能达到的最高成就。在活动实施阶段，个体不仅要筹措物质资源，还要积极调动和调整身心资源，以使预设程序能够顺利地展开。通过活动实施的过程及其结果，个体不仅对实践对象的组成、机制和性质等形成具体认识，对自己的认知水平、身体能力或价值观念等形成深刻理解，还将与实践对象建立意义关联，以为完整的自我理解提供客观依据。

3. 社会交往

个人总是存在于社会网络之中，总会主动或被动、直接或间接地关涉到他人生活。从个人自主的面向未来之义看，"人的社会关系的发展不仅表现在社会关系的高度丰富和充分展示上，更重要的是表现在人对社会关系的全面占有和自觉控制上"[1]。这种"占有"和"控制"并非排他性地发展，而是要求个体和其他成员共同面向更为智慧、更为道德和更为审美的未来。通过自觉地控制社会关系，主体能够主动设定和坚守自己的生命方向，并为它的实现建构良好的社会氛围。

总之，"一切社会实践活动都是'主体—客体'和'主体—主体'双重关系的有机结合，是生产实践与交往实践的辩证统一"[2]。个体自主素养的生成也存于其中。现实地讲，无论面对对象为何，以思维或语言为工具，个体自主的实践无一不含自我与客观事物的相互影响，无一不含个己与自我的相互支持，尤其无一不含自我与他者的交往互动，进而支撑起交互主体的自主间性。

---

[1] 刘明合. 交往与人的发展——基于马克思主义的视角 [M]. 北京：中央编译出版社，2008：52.

[2] 张天宝. 走向交往实践的主体性教育 [M]. 北京：教育科学出版社，2005：41.

二、自主间性的内涵解读

自主间性虽以个体自主作为基础,但非个人自主的简单相加,是交互主体自主性的协同状态,即在活动情境中,交互主体就个人自主达成共识,依之合理表现个己自主,支持各方自主协同性生成的融合状态。为了理解和实践自主间性,下文将从协同性质、存在场域和行动诉求等方面对之进行阐述。

(一) 自主间性的双重协同

自主间性是交互主体自主性的协同状态。这种协同性体现在两个层次:一是个体自主与个体自主的交互协调(以下简称你—我自主的协同),一是个体自主与团体自主的交互协调(以下简称群—己自主的协同)。

1. 你—我自主的协同

无论出于何种目的,一旦个体决定与他人进行交往,就会使双方的个人自主相互影响。此时,交互双方自主是否协同直接取决于其成分的匹配性(见图8)。单从本体结构上看,交互主体的自主就可能存在多种匹配结果。例如,甲方已决定将要进行的活动,却没有相关调节能力,乙方尚未决定进行何种活动,但具备甲方尚缺的能力,双方便可以共同活动并表现协同自主状态;倘若乙方正在参加其他活动,而甲方强迫乙方参加该项活动,那么,双方就可能发生冲突,使其自主性无法协同甚至无处发挥。

即使主体对他方提出共同活动的要求(甚至命令),对他方而言,"服从这一行为可以被体验为自主的或他主的"[1]。"自主体验"的发生可能包含两种情况:其一,他方由于无所事事而感到孤单或烦恼;其二,他方虽希望参加活动,但碍于颜面或失败经历而没有参与的勇气。倘若他方并不在意"主体"的发起方式,而将焦点放在"参与"本身,那么,"主体"的要求就可能契合自主的愿望。反之,某种"服从"之所以是被体验为他

---

[1] Vansteenkiste M., Zhou M., Lens W. & Soenens B.. Experiences of Autonomy and Control Among Chinese Learners: Vitalizing or Immobilizing? [J]. Journal of Educational Psychology. 2005 97 (3): 468-483.

主性的，是因为"主体"的要求损害了他者的原有活动意愿。可见，自主服从并非截然对立的：他人介入是自主支持性还是自主抑制性，取决于他者要求或表现与"主体"个己需要的匹配性。

通过前述分析可知，交互主体自主协同状态的首要条件是双方都有参与共同活动的意愿；建立自主协同关系的关键在于个人自主的维度或成分能够相互耦合，即双方自主的成分不仅能共存于活动场域，而且能围绕活动任务而相互配合。

2. 群—己自主的协同

个体是存于社会关系中的人，必然要参与所在社群的公共生活。❶ 为了向社会彰显自己的存在或力量，维系其内部成员之间的联系，社群（尤其建制性组织）会组织一定数量的集体性活动。在不同组织中，团体在决定团队任务和实施路径方面的裁量权与其成员进行工作的裁量权之间并没有绝对的关系，即团体自主与个体自主并无必然的关系。❷ 例如，团队在独立决定从事何种活动后，有的成员被要求按其想法自由处理其分工（创造性自主），有的成员却被要求按照既有的规定执行任务（认同性自主）。

一般而言，成员只有认同或生活在某个（或某些）组织，参与其规定的集体性活动，才可能取其所需。一旦活动方案形成（无论被哪些成员确定），所有成员自主的性质和程度都会受到影响，继而影响活动的过程和质量。例如，在某些复杂任务情境中，成员在更高水平上卷入决策制定过程并形成更加亲密的关系（自我决定），因而更加忠诚于团队项目并将其看作"自己的"而为之努力（自我调节和自我实现）。❸ 然而，由于个体参与的意愿、企图和能力存在差异，个人自主与团体自主并非具有绝对一

---

❶ 注：在现今社会中，劳动分工和规模生产日益复杂化，个体不可能凭一己之力去完成所有活动或者完整活动。而且，社会交换（物质交换、信息交换、工具交换）的广泛存在使得个体参与集体生活成为一种必要（或者说，个体独立完成某一活动变得没有必要）。

❷ Langfred C. W.. The Paradox of Self – management: Individual and Group Autonomy in Work Groups [J]. Journal of Organizational Behavior, 2000 21: 563 – 585.

❸ Man D. C. and Lam S. S. K.. The Effects of Job Complexity and Autonomy on Cohesiveness in Collectivistic and Individualistic Work Groups: A Cross – Cultural Analysis [J]. Journal of Organizational Behavior, 2003 24 (8): 979 – 1001. 该研究还表明，相对集体主义者而言，更为复杂的任务倾向于导致在个人主义者间的更高凝聚力。这可能是因为，集体主义倾向的成员更为关心与安全和社会性关系相关的价值观，而个人主义倾向的成员更为关注工作的自主属性。

致的方向和表现（甚至可能冲突），进而使其所需得到不同程度的满足。

由上可知，自主间性的充分实现需要交往主体有意识地合理发挥自主性。要想达到个人自主与团体自主的协调，所有成员首先必须就集体活动对象达成一致；更为关键的是，所有成员要协调一致地面向集体性对象。倘若个体与团体在根本方向上可能长久对立，那么，其自主表现可以是彻底分离并互不干涉，也可借助其他力量（如权力）实现一方对他方的暂时接受（此为弱自主协同）。

（二）自主间性的存在场域

如同个人自主的本体结构存于其实践活动，自主间性也显现于交互主体的共同活动。在某种意义上，自主间性还存在于参与团体活动的个体成员的观念当中。

1. 团体活动中的自主间性

主体之间的关系被其需要满足的方式所塑造，并被社会生活所调节。[1] 作为主体间性的具体化，自主间性亦被交往主体的多种需要（尤其自主）所共同影响，并在团体构建和集体活动（或交流活动）方面有所体现。

其一，团体的形成和维系甚至解体是其成员根据个人志向表达自主间性的结果。出于某种类同目的，主体积极地与他方进行交流，形成创建某种特定组织的愿景。在组织建立和运转的过程中，成员凭借自身素养来实施和调整其任务分工，以维持团体内部的有序互动或团体内外的恰当关系。一旦团体完成其使命，所有成员要相互交流以实现组织的（有序）解散。可见，团体的任何积极变化都是所有成员发挥自主性并使之协调的结果。[2] 其二，团体活动的构建、实施和评价是成员围绕共同愿景而表达自主间性的结果。团体成员积极地启动和回应对话，才能达成集体活动的共识；交互各方认真地进行协商，才能实现任务分工或有序地调整活动进

---

[1] Roth W. - M.. Reading Activity, Consciousness, Personality Dialectically: Cultural - Historical Activity Theory and the Centrality of Society [J]. Mind, Culture, and Activity, 2014 21 (1): 4-20.

[2] 注：从内容上看，本段关注的是带有成员自愿加入特征的社会团体，而不是带有成员被迫卷入特征的政治团体。但是，任何政治团体并非不允许个人自主的存在，而是要求其成员只能表现有限度的回应性自主，即在团体规范框架中表现个人自主。

程；各方兼顾集体、他人和自我的活动进程，并及时地解决相关问题，才能保证活动的顺利完成。这样，只有团体成员共同表达自主间性，才能使集体活动不断地向前生成。

2. 个体观念中的自主间性

一般而言，交往活动要求"两人要有做某事的共享意图，并须知道对方意图，且这种共同知识须导致其人际协同……联合活动是被共享意图指引的活动"❶。团体的存在、集体活动的进行都要求成员具有自主间性观念，在集体性活动中兼顾个己活动和他人活动。具体而言，这种自主间性观念体现在三个方面。

首先，个体必须对自主间性（包括个人自主）的内涵和意义具有清楚的认识。个体只有知晓团体对各方自主和自主支持的公共诉求，才可能为各方自主的发挥留下可靠的空间。其次，主体要熟悉团体活动对各方自主的要求，明确团队计划与各方自主的相关性条件。"你对你将成为什么的控制程度并非仅仅你所行之事的结果，也是你在实施行动之前通过对他进行充分描述和推理的能力。并且推理……的核心是主体'间'而非主体'内'的过程"❷。个体只有把握好全部成员的自主关系，才可能最好地表现个己自主。最后，主体要把自主间性作为评价标准，对各方自主活动及其互助质量进行评价。这样，个体才可能更好地进行后续团队活动，或（和他人）形成个人自主发展的方案。在此需要注意的是，"由于意识（语言），人类才积极地与他人相关联，与世界积极地相关联"❸；架设个人自主和团体自主（甚至自主间性）之桥梁的基本工具也是语言（或思维）。通过语言，个人自主的意图才能走进团体自主，团体自主的理念才能渗透个人自主。

---

❶ Wall S.. Collective Rights and Individual Autonomy [J]. Ethics, 2007 (2): 234-264.
❷ Gardner S. T. & Anderson D. J.. Authenticity: It Should and Can Be Nurtured [J]. Mind, Culture, and Activity, 2015 22 (4): 392-401.
❸ Roth W.-M.. Reading Activity, Consciousness, Personality Dialectically: Cultural-Historical Activity Theory and the Centrality of Society [J]. Mind, Culture, and Activity, 2014 21 (1): 4-20.

（三）自主间性的行动诉求

自主间性是交互主体就个人自主达成共识，依之合理表现个己自主，支持各方自主协同性生成的融合状态。从这一规定可知，自主间性的生成要求交往主体就个人自主达成全面共识，尊重和支持各方自主素养的表达。

1. 达成个人自主的共识

"思想、观念、意识的生产最初是直接与人们的物质活动，与人们的物质交往，与现实生活的语言交织在一起的。"❶ 鉴于意识的引领作用，交往主体首先应就个人自主达成共识，以之作为自主间性的核心指南。

其一，交往各方需要就个人自主的基本内涵达成共识。全部参与的主体应当明确个人自主的本体结构（自我决定、自我调节和自我实现）和实践结构（活动—意义、行动—目的和操作—条件）及其各组成部分的确切含义，以能表现合理且有意义的行为。其二，交往各方需要就个人自主的面向对象达成共识。无论何种情况，交往人员只有明确各方自主的对象（包括目标、路线、行为和条件等），才能恰当地选择自身自主的表现方式，并为他人自主提供有效的支持。其三，交往各方需要就个人自主的交互规则达成共识。为避免人际关系的坏影响或促进其好的影响，各个主体需要清楚其自主权利和义务约束，以及在交往过程中所应遵循的必要规则。这样，各方才可能在遇到问题时有据可依，及时化解人际冲突或实践问题。

2. 尊重与支持自主表达

所谓尊重就是"我们愿意从别人的观点或别人的观念来理解他们的处境；每当我们的行为实际上影响了其他人的利益时，我们准备提出一些能解释自己行为的理由"❷。就自主间性实践而言，主体首先要尊重各方的自

---

❶ 中共中央马克思恩格斯列宁斯大林著作编译局. 马克思恩格斯选集（第1卷）[M]. 北京：人民出版社，1995：72.
❷ 约翰·罗尔斯著，何怀宏，等，译. 正义论 [M]. 北京：中国社会科学出版社，1988：337.

我决定权和非干涉权（non-interference）。❶ 在整体活动能够完成的前提下，参与人员不能任意、武断地干涉他人的行动，而只能根据既定共识和原则来约束自身的自主表现。❷ 在团体活动的过程中，各方还要积极、恰当地向他人提供自主支持。自主支持大致包括两方面：其一，各方共同表达对全体成员自主的期望，以为自主间性的实践提供良好的环境氛围。其二，在他方遇到困难时，个体要力所能及且有效地提供帮助。其中，技术支持包括集体活动的设计和理解、行动思路和方式的指导、操作能力的示范和培训；资源支持包括物质工具、物质材料和信息材料等资源的引介和提供。

"无论何种形式的交往，都要……语言符号系统，通过它进行信息的交流与转换，实现双方在思想、感情、信息上的沟通和对活动本身目的、意义的理解，以协调彼此的行为，进而达到能量的交换和力量的结合。"❸ 同样地，团体成员必须掌握语言（包括言语和文字）这种沟通工具，才可能使自主间性的方方面面真正落于现实。

三、自主间性概念的再思

为了帮助人们更好地理解自主间性，下面将对比自主间性与关系性自主，比较自主间性与主体间性，阐述自主间性的内在耦合性与外在适应性，以进一步明确它的界限。

（一）自主间性与关系性自主的区别

单从字面上看，"自主间性"与"关系性自主"近乎等同；但在内涵上，二者紧密相连却又十分不同。在相同方面，二者都是学者从"局外人"角度观察（交往主体的）个人自主，都承认个人自主具有关系属性。在差异方面，"自主间性"和"关系性自主"的观察方式有异，导

---

❶ Mackenzie C.. On Bodily Autonomy. // S. K. Toombs（ed.）. Handbook of Phenomenology and Medicine [M]. Dordrecht: Kluwer, 2001: 417-439.

❷ 注：但是，倘若现有规则确实存在非常严重的漏洞并可能导致严重的后果（根据行业共识而定），管理人员或其他人员可以并应当对团体成员采取限制性措施，并告知采取措施的理由。

❸ 刘明石，于海洋. 交往视域人的主体性 [M]. 哈尔滨：哈尔滨地图出版社，2008：70.

致其核心内容有所不同:"自主间性"是双向地观察交往双方的自主表现,更为关心双方自主的相互尊重与支持,其结果是双方自主的融合(即个人自主+个人自主),其描写手法是"交往双方自主同时存在(于交往共识之下)"。

相比而言,"关系性自主"则是单向地观察交往双方的个人自主,更为关注周围环境对个己行为的影响(尤其限制),其结果是个人自主的性质(他人行为→个人自主),其描写手法是"个人自主出现"(在一定的社会背景中)。

(二) 自主间性与主体间性的区别

从字面便知,主体间性和自主间性都从属"间性"范畴,描写的都是交往主体的相互作用状态或其关系。二者的主要区别在于内容范围不同。

主体间性是不同个体主体通过共识等表现出的一致性,涵盖交往主体的方方面面。这里的"共识"只是关注结果,而不管个体通过何种途径来达成,只是作为起点,而不管他们是否全部愿意接受。此外,"共识"包括主体性的方方面面(如自主性、创造性和自觉性等)。

相比而言,自主间性凸显交往主体的自主性,是不同主体通过自主交流和积极协商而达成个人自主的共识,强调各方在自主精神、自主思维、自主行动等方面表现一致性。简言之,自主间性始于自主,通过自主,依循自主,并终于自主。由于"自主性"是"主体性"的下位,自主间性也内含于主体间性,并作为后者的核心内容。

除自主性外,主体性还包括其他内容,如创造性、能动性,可以推论:主体间性还可以包括"创造间性"(假设定义为"交往主体就创造性达成共识,依之个性化地表达各己言语和行为,并支持各方创造性协同生成的融合状态"),甚至"自主—创造间性"等。若研究者感兴趣,不妨尝试研究。

(三) 自主间性的耦合性与适应性

前已提及,自主间性是交往双方自主成分相互匹配的结果,因而具有内在的耦合性这一特征。由于个人"自主并非是全有或全无之事,而是容有不同的程度"[1]，交往双方的个人自主完全表达或部分表达会表现不同的耦合程度（从零协同到完全协同）。在某些情况下，为了完成共同活动，甚至双方限制个己自主的表现以使成分能够相互协同，进而表现出最佳的"耦合"状态。

自主间性并不否定实践对象的存在，甚至要求活动对象检验自身的价值。因此，自主间性具有外在的适应性这一重要特征。交往主体自主的协同可能产生不同程度的"合力"，进而与活动情境及其要素可能存在不同的匹配性。反过来讲，一旦面对对象性活动，这种外在适应性就会要求交往双方在意向和行动上进一步协同。为了达成某种集体性目标（如教学促进学生发展），有些人（如教师）确实或必须限制其自主素养表达，并努力地与他人的自主表现相互协同。

自主间性的耦合性和适应性（以及由此产生的程度性）对师生自主间性研究提出了一个重要问题：在既定的课堂空间甚至学校情境中，教师和学生应当达成何种共同目的，如何表现和协调双方的行为，如何面向和处置课程内容，才能使学生素养获得最大限度地发展？

---

[1] Adams H. W.. Justice for Children: Autonomy Development and the State [M]. Albany: State University of New York, 2008: 17.

第三节 自主间性客观存在的证明

自主间性绝非单纯的概念演绎之结果，而是存在着现实世界（尤其个人自主研究）的支持。下文提出认知自主、行为自主和感情自主之关系性的证据，以此三者为基论证自主间性的实体性。

一、认知自主之关系性的依据

一般地讲，认知自主是指在活动情境中，个体对认识过程与结果进行批判性反思并主动建构独特性的认识。❶ 认知自主具有关系性，其作为自主间性实体性之证据的论证如下。

在实践认知自主的过程中，个体使用基本的思维工具（主要包括语言和文字），接受必要的思维规则（如逻辑规则、语法规则），并运用恰当的表达方式（包括文字作品、实物作品或表演作品），其认知结果（主要是知识）也需符合这些原则。建构主义心理学研究表明，"知识的基础是语言、约定和规则，而语言这是一种社会的建构"；"人类知识、约定和规则对某一领域知识真理的确定和判定起着关键作用"；"个人的主观知识经发表而转化为使他人有可能接受的客观知识，这一转化需要人际交往的社会过程，因此，客观性本身应被理解为社会性"❷。另外，在现实意义上，个体进行认知自主的目的绝非（全部）独自享用，而是希望用之与他人交流。因此，认知自主具有关系性质。上述公共性的思维工具、思维规则和认知结果内含并超越过往个体和当下个体的认知自主，而且通过自身的使用不断向前传递；思维工具、思维规则和表达方式是认知自主间性的核心内容。

---

❶ 董守生. 学生的自主性及其教育 [M]. 北京：中国社会科学出版社，2014：111.
❷ 高文，徐斌艳，吴刚. 建构主义教育研究 [M]. 北京：教育科学出版社，2008：40.

二、行为自主之关系性的证据

行为自主是指在具体情境中，个体基于自我决定动机，借助情智调节降低顺从性，表现出独立性行为。[1] 行为自主具有关系性，其作为自主间性实体性之证据的说明如下。

在实践行为自主的过程中，无论出于何种动机，个体都需要借助身体（部位）或动作组合来显示其独立性的存在。根据行为心理学的研究，人类或特定群体的任何行为表现（包括面部、眼睛、手和腿等）、任何行事过程都遵循着一定的结构。[2] 个体需要借助这些必要的人类基本行为方式来表现其自主意图，或帮助他人理解其行为的自主性；即使个体行为非常独特，也在某种程度上内含从过往生活中获取的行为结构，或者也需要得到他人的承认才有意义。根据认知神经科学的研究，镜像神经元为个体理解他人行为结构提供了生物基础，并证明行为（自主）具有社会性的可能。[3] 可见，行为自主具有关系性的一面；群体的行为结构或行动模式（含表达规则）构成行为自主间性的核心内容。

三、情感自主之关系性的考证

情感自主是指在某种情境中，个体基于自身真实偏好，在认知判断基础上形成合理化的体验。[4] 情感自主具有关系性，其作为自主间性实体性之证据的阐述如下。

无论个体形成何种情感，都带有时代性或群体性的印记。情感心理学表明，"每个有其不同风俗习惯、生活方式、道德方式的历史时代都赋予这种情感以时代特色，不同时代的人对这种情感有不同体验；不同时代，这种情感对个人有不同意义"[5]。在某种程度上，体验的合理化必然要接受

---

[1] 董守生. 学生的自主性及其教育 [M]. 北京：中国社会科学出版社，2014：118.
[2] 王邈. 行为心理学：肢体语言解读与心理分析 [M]. 北京：化学工业出版社，2015.
[3] 叶浩生. 镜像神经元：认知具身性的神经生物学证据 [J]. 心理学探新，2012 32（1）：3-7.
[4] 董守生. 学生的自主性及其教育 [M]. 北京：中国社会科学出版社，2014：106.
[5] 雅科布松著，王玉琴，等，译. 情感心理学 [M]. 哈尔滨：黑龙江人民出版社，1988：70.

这种时代和群体的规范。现实地讲，情感自主的意义更在于通过外化体验以与他人建立特定程度的亲密关系。在情感自主外化的过程中，（除身体动作外）情感性语言发挥着重要的作用："一方面它们反映着自我具有的感受；另一方面它们表明情感主体对于他人，包括社会对象所具有的感受"❶。无论形成合理化体验还是建立亲密关系，都意味着情绪自主是社会性存在；情绪理解和情感表现的模式构成情绪自主间性的核心内容。

在此，我们应当注意到：认知、情感和行为共存于个体；因此，交往主体的认知自主、情感自主和行为自主存在交叉性相关，这将进一步丰富自主间性的内涵。鉴于意识在理性教学活动中的引领作用，师生自主间性研究将突出认知维度，并兼顾行为与情感维度。

四、身体作为自主间性的载体

具身认知研究表明，人类认知都根植于其身体与环境的相互作用之中，❷ 行为和情感亦不能例外。只有主体认同具身能动性（整合性的身体视角，包括个体身体自我表征的生物维度、社会文化维度和个性维度的整合，以至于这些维度没有持久且不可解决的冲突❸）的价值，把身体（自主）作为实践载体，才从根本上保证个人自主及其客观化。根据自由主义传统，身体自主通常被解释为身体的最大化选择：只要选择不会伤害他人（行动），那么，个体就可以不受他人干涉，并根据自身意愿来行动，即主体对其身体具有无干涉权和自我决定权；然而，非干涉权利和自我决定权利的实在意义建基于"体验的身体是我们能动性的表达"❹。然而，身体自主一旦进入实践场域，就卷入与他人的互动之中，因而具有关系性。继而，作为认知自主、行为自主和情感自主之载体的身体自主成为自主间性的载体，并使自主间性具有彻底的客观性。

---

❶ 诺尔曼·丹森著，魏中军，孙安迹，译. 情感论 [M]. 沈阳：辽宁人民出版社，1989：78.
❷ Barsalou L. W.. Grounded Cognition [J]. Annual Review of Psychology, 2008 59：617-645.
❸ Mackenzie C.. On Bodily Autonomy. // S. K. Toombs (ed.). Handbook of Phenomenology and Medicine [M]. Dordrecht: Kluwer, 2001：417-439.
❹ Mackenzie C.. On Bodily Autonomy. // S. K. Toombs (ed.). Handbook of Phenomenology and Medicine [M]. Dordrecht: Kluwer, 2001：417-439.

第四节　自主间性概念的教育意义

对教育研究而言，"自主间性"概念具有重要的意义。通过自主间性的运用，师生关系研究将会深化，教育主体间性研究将会细化，教师自主与学生自主的关系性质将会确定。

一、师—生关系理论深化的需要

在顾明远先生1981年提出"学生既是教育的客体，又是教育的主体"这一论断后，我国学者先后提出"教师单一主体论""教师主导、学生主体论""教师与学生双主体论"，最终认识到教师和学生都是教育活动的主体。[1] 自21世纪始，关于教育主体的研究逐渐沉寂。

之所以出现这种现象，一个重要的原因是这些学说多数在探讨教师和学生的地位问题，大多在抽象意义上探讨教师与学生的应然关系，对具体教育实践（尤其课程改革背景下的课堂实践）没有太多实践性价值。相对而言，师生自主间性研究将深入到教师自主素养和学生自主素养，更为微观地探讨教师和学生素养的关系性质和交互方式。这样，教师与学生的关系性质及其应有角色将会得到深入的理解，培育学生自主素养的教学实践也能从中受益。

二、教育主体间性研究细化需要

自21世纪始，"主体间性"范式逐渐替代"主客体"范式，并获得有些教育学者的颇多关注。然而，十多年过去，教育主体间性研究表现出严重的停滞。

---

[1] 冯建军. 教育基本理论研究20年（1990–2010）[M]. 福州：福建教育出版社，2012：322–327.

之所以出现停滞，是因为教育主体间性研究存在两个重要问题。其一，主体间性和主体性无所不包，使得师生主体间性研究不易落于实处。学者们大多从主体间性哲学思想入手，更愿意描述师生交往的理想状态，缺乏对师生互动行为的细致描写。其二，课程内容被学者们忽视，在很大程度上使教学交往成为纯粹的交往。学者们回避师生的主客体关系，丢掉师生交往的重要对象，即教育任务和课程内容；结果，主体间性研究的结论与教学实践结构存在较大的差距。

为使教育主体间性研究走向细化和深化，本研究选择的方向是"基于主体性的核心是自主性"，发掘主体间性的自主维度（合理地分析其成分和结构），借鉴心理研究、教学研究等方面的成果，建构师生自主间性的操作性活动体系（包括理想形态、基本要素和发展机制）。这样，主体间性研究虽然有所窄化，却也可能贴近教育实际，更能服务教学实践。

三、师—生自主关系定性的需要

根据绪论中"研究缘起"和"研究述评"，在课程理解之实质（或面向对象）保持不变的前提下，教师自主和学生自主的表现与发展存在着"共进共退"的关系，即二者具有某种"协同"性质，符合前述"自主间性"的基本内涵。

然而，当下诸多教师自主研究和学生自主研究是分别进行的，割裂了教师自主和学生自主的课堂协同实现，忽视了二者的"协同"性质；在教育实践中，很多教师并未认识到教师自主和学生自主的协同关系，因而在课堂教学中表现出许多失当自主。通过提出"自主间性"概念，本研究一方面明确教师自主和学生自主的积极相关关系，为教师自主与学生自主的"统一"提供概念基础，另一方面为教师提供师生自主相互作用的完整画面，以促进他们对二者关系的深刻认识和发展学生自主素养的教学实践。

自主间性从个人自主和主体间性等思想中引出，是关于人性的认识。然而，"罗马不是一天建成的"，师生自主间性需要通过日常学校生活而逐步生成和发展。为了探讨如何具体发展教师和学生的这种人性品质（由此发展后者的自主素养），本研究将视域聚焦于学校教育场域（尤其校园情境和课堂空间），使其理论基础、基本要素、发展机制和实践建议等都尽量贴近教学研究与实践的话语体系（包括"课程""问题""规则"和"素养"等）。

第二章 师生自主间性的理想形态

由于个人自主及其组成部分可能具有不同程度的表现，交往双方自主耦合而成的自主间性具有不同程度的表现，对不同对象性活动表现出不同的适应性。反映在教育领域，在任何教学实践（包括传统的全堂讲授）中，教师和学生都有某种程度的自主性，在某种程度上相互耦合（或融合），对不同形态的课程理解活动（如知识性教学、案例教学、教学戏剧）表现不同程度的适应性；由此，学生素养或主体性获得不同程度的发展。如前所述，自主性在主体性中具有统领性作用，且具有面向未来的意味。鉴于此，本文认定，学生自主素养的充分发展是师生实践自主间性的主要目标。

每名儿童的生命都有独特性、不定性以及由此产生的多元可能性，为了帮助他们立足当下现实并面向未来生命，教师必须积极地发挥和发展专业自主素养。换言之，师生自主间性的生成应该努力关照学生当下生活的各种面向对象，并共同面向他们的未来自主与人类世界。为此，教师和学生要在课堂情境（甚至校园内外）中共同表现自主，就个人自主（个己自主）的内涵及其交互方式达成共识，以尊重和支持各方自主为前提与他方建立和谐的互动关系，围绕并借助课程内容来协调各方的自主表现。简言之，学生自主的发展性质与教师自主的专业性质共同决定了师生自主间性的理想形态。下文将指明理想形态的具体内容，并阐明它们形成的过程和理由。

第一节　学生自主性发展作为旨归

"教学是处于教学世界中的人员按照社会要求、利用相关资源筹划并实现自身生命可能性的活动"[1]，师生自主间性的形成亦需要共同的"自我决定"。从教育的目的性和伦理性出发，"筹划"意味着教师和学生协同发挥自主性并努力就后者自主素养的发展可能达成共识；对学生而言，"正是对可能成为什么而非对成为什么的能力的探求，让个体自己在某种意义上变得更好"[2]。

师生自主间性实践要促进学生自主素养发展，其隐含之意有三：其一，学生自主本身具有很强的发展潜力；其二，教育人员能清楚地分辨学生自主素养的层次性；其三，教育机构能为学生自主素养发展提供必要的实践条件。本部分将以学生自主的发展前景（见图10）为基点具体地阐述师生自主间性实践的旨归。

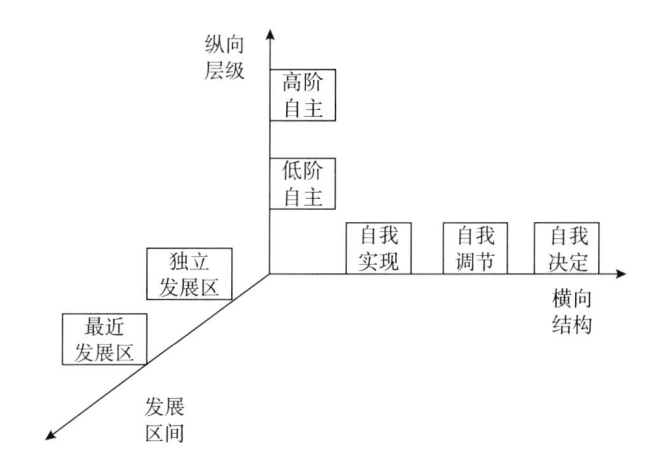

图 10　学生自主发展的维度

---

[1] 熊川武. 教学通论 [M]. 北京：人民教育出版社，2010：6.
[2] Gibbs P.. Deliberation, Capability and Action Research: Knowledge and Becoming [J]. Educational Action Research, 2014 22 (3): 428-440.

一、自主双重发展区作为核心理念

根据最近发展区理论,任何儿童都可在个体情境和团体情境中进行活动。在独立活动中,儿童只能利用自身条件来获得该活动的认识(本文称此发展空间为"独立发展区");儿童若能获得他人帮助,便可凭借丰富的资源形成深刻的见解(他人支持条件与独立活动条件的发展差距为最近发展区[1])。参照该理论,师生自主间性理论认为,学生自主素养的潜能亦包括独立发展区和最近发展区。

(一)自主独立发展区

通常地讲,学生已经通过日常生活和先前学习积累了大量关于自主的知识、技能和经验等。只要他们勇于面对新事物,就能凭借这些素养在某种范围内阅读、理解甚至操作课程材料,并形成与之对应的心理反映(自我实现)。在此过程中,学生可能认识到自身经验与课程内容或活动结果的矛盾,或者出于探索新事物的好奇心,或者出于思维的习惯等提出一定的问题,并在某种程度上尝试进行自我解答(自我调节)。甚至,为了获得关于某些对象的认识,有些学生可能设计和组织必要的科学/实践活动(自我决定)。当然,不同学生或同一学生在不同自主成分上的表现可能存在很大的差异。

在独立活动中,学生在某种程度上提升着自主素养。在自我决定方面,学生可能形成了新的需要、动机或目标,或更加清楚类似活动的任务、目的以及设计理念等;在自我调节方面,通过问题解决过程,学生对个己自主素养和课程所含的自主素养进行了心理整合,努力建立相关活动及其内容的方法论(包括技术、原则、规则等),以提高对未来类似活动的调控水平;在自我实现方面,学生掌握了新的知识和技能甚至情绪,为参与类似活动提供了操作基础。这样,在对课程内容进行理解的过程中,学生实现着自主独立发展区的现实化。

---

[1] 余震球选译. 维果茨基教育论著选 [M]. 北京:人民教育出版社,1994:401.

然而，由于既有知识、技能和态度等因素的影响，学生自主素养的独立发展肯定存在某种限度。加之社会（教育）对个人自主素养发展的高质量要求，学生还须（可以）借助他人（主要包括教师和同学）的支持使自主素养达到更高品质。

（二）自主最近发展区

如个人自主的内涵所示，"自我决定"允许学生将行动筹划"让渡"给教师或同学，"自我调节"所需的信息亦可来源于他者；自主唯一不可让渡的要素是属己的意义。与独立行动相比，通过交流，儿童可以获得更丰富的信息或工具，进而对活动对象形成更深刻的认识。自主最近发展区内含独立发展区的现实化，是对后者的进一步拓展。

在他人支持的条件下，学生自主素养的"更大提升"主要表现如下：在自我决定方面，通过充分地获得活动对象的信息，学生能使自己与活动建立深刻的意义关联，审慎地考量或设计活动的目的、要求和内容；在自我调节方面，通过获得教师或同学的指导和帮助，学生能恰当地掌握活动实施所要求的调节素养，并与原有自我调节素养建立紧密的联系；在自我实现方面，通过获得师生的阐述和示范，学生能精确地理解和掌握对象性活动所内含的基本知识和基本技能。可见，他助行为促成学生自主最近发展区的现实化，并为其未来自主表现奠定扎实而丰富的基础。

虽然最近发展区的现实化需要他人提供恰当的支持，尤其教师对发展区间的审慎估量和对教学活动的有效组织，但是，这种现实化并非单靠教师的努力就能达成，而是要求学生付出更大的心智努力。更准确地讲，自主最近发展区的现实化是在外在支持下，学生和他人（教师或同学）积极地协同自主表现的结果。

（三）自主发展区现实化的诉求

学生自主发展潜能包含独立发展区和最近发展区，但其现实化却不容易（甚至有人怀疑自主发展的可能）[1]，而是对教师提出更多且更严肃的

---

[1] 徐江，张斌利，张素英. "自主学习"应当被证伪［J］. 人民教育，2013（10）：38-41.

要求。

首先，教师要承认并能区分两种自主发展区。教师必须承认，"外因通过内因发挥作用"，学生发展自主素养（包括学习、管理和交流等），最终要通过其自身的努力（尤其问题解决行动）才能实现。因此，教师要给学生独立学习新内容的空间，为后者自主独立发展区的现实化提供可能。❶ 在独立学习过程中，学生可能更为清楚自己的成果和问题，且教师无法确定每个学生的困惑（学生最近发展区的真实起点）；在学生独立学习的前提下，教师可以向学生提供指导（如思路引领、方法指导或信息补充），让他们有机会解决深层次的问题，使其自主最近发展区转变为实际素养。总之，教学活动要遵循"以学为本，先学后教"的原则。❷

其次，教师要了解和掌握所有学生的自主发展区。在同一班级中，学生自主素养存在多方面的差异。每个学生的自主起点不同，可能遇到不同的学习问题，因而自主发展区也存有差异；随着自主素养及各种经验的积累，儿童在某一领域的自主发展区将发生变动；随着自我理解的逐步加深，学生对未来方向越加明确，可能（甚至应当）对各学科表现不同的自主意向。鉴于学生存在的这些差异和变化，教师要努力及时且全面地理解每位学生的心理与行为，根据学科特色设计良好的自主学习活动，为他们的自主发展奠定扎实的基础。

最后，教师要深刻地认识学生自主发展的双基，即经验与课程。在学校环境中，无论出于何种动力抑或何种压力，学生都会把课程掌握作为学习活动的目标，并从中获取自主发展的力量。然而，课程内容是用于发展学生素养的，因而在某种程度上会超出其当下的能力；因此，（无论是否存在自主支持）这些课程内容及其要求潜在地与学生的经验基础构成矛盾。更为重要的是，课程内容是不断持续更新的，这意味着学生在使其自

---

❶ 注：在直接教授模式（即时下常见的传统教学）中，教师首先讲授新课的内容、方法或者原则等，然后学生阅读课文并整理讲授内容，以达到课程内容理解的目的。事实上，先讲后学带来很多不良后果：教师常以为讲授任务完成等于学习目标达成，无法区分教师和学生对学生自主发展的作用关系；学生可能理解了教师讲解和课程资料的内容，却没有形成实际的能力体系；教师通过教授和学习的同质化（包括内容和过程）湮没了两种自主发展区间的存在。

❷ 庞维国. 论学生的自主学习［J］. 华东师范大学学报（教育科学版），2001 20（2）：78–83.

主发展获得制度性保障的同时，将会不断地遇到各种各样的问题。为使学生自主素养能够顺利地发展，教师务必注意学生的生活经验并深刻地认识课程内容，从而有效地创设建立二者联系的学习活动。

当然，自主发展区现实化的最根本前提是学生参与到新事物的学习之中。为此，在教育教学伦理的约束下，教师可以对学生进行合理的引导、劝说（甚至必要的强迫）。

二、自主性水平区分作为行动前提

从群体角度讲，不同程度的自主构成了从最低水平到最高水平的"连续体"。[1] 为了恰当且有序地组织课堂活动，教师应了解全班学生自主的最低和最高水平（甚至预测其更高可能），并合理划分中间状态的学生。下文将从本体成分和层级水平两方面探讨学生自主素养的发展程度（见图10）。

（一）学生自主的横向水平

个人自主包括自我决定、自我调节和自我实现三种成分。如前所述，自我决定、自我调节和自我实现存在包含性关系，且对他人干预行为的包容性不同。鉴于此，本文依各成分表现的显著性对学生自主程度进行横向水平划分。[2]

1. 基础自主水平

所谓基础自主水平是指学生仅仅潜意识或无意识地具有自我实现的能力或表现。在学习方面，在教师布置任务后，学生根据某种（某些）习惯性程序而不假思索地完成任务，或模仿教师所教授的方法完成学习活动；在人际方面，学生根据原有交往习惯与人沟通，表现固定的交往模式或自我形象。不考虑所面向的对象，在实践意义上，基础自主是学生表现基本技能和基本知识的前提，后二者又是进行类似活动的重要条件。因此，基

---

[1] Adams H. W.. Justice for Children: Autonomy Development and the State [M]. Albany: State University of New York, 2008: 17-18.

[2] 注：依时间长度，学生自主可运用于课节、单元、学段、学年（以至人生）。从教育教学实践上出发，本研究重点关注课节或单元意义上的自主活动。

础自主是名副其实地学生完全自主的"基础"。虽然基础自主水平强调学生具有自我实现的素养,但并非排除自我决定和自我调节;学生对"让渡教师以自主"的认同,成为学习活动的默认前提(或不再成为关注重点)。

2. 中间自主水平

所谓中间自主水平是指学生具有表现自我实现和自我调节的意识和能力。在学习方面,在教师布置任务后,学生通过思维加工形成活动方案或实施路径、操作方法等,或利用课堂资源(包括教师、同学和课程)有效地解决活动实施中的问题;在人际方面,学生根据既定任务或目标选取恰当的交往方式,或及时地调整自我认识。换种角度看,自我调节成分的显现意味着这些活动内含某种程度或性质的冲突,要求学生具备一定的问题解决能力。与基础水平相比,中间自主水平更加突出自我调节素养,以使学生在面对困境时表现良好的灵活性。这种水平的自主也未排除自我决定,即主体表现认同性自我决定。

3. 完全自主水平

所谓完全自主水平是指学生全面地具备自我决定、自我调节和自我实现的能力或表现。在课堂环境或日常环境的学习或交往中,学生不仅设定活动方向和设计活动内容,而且有效地监控活动实施的质量,有效地调整活动实施的路线等,从而完整地实现活动对个己的意义。在教育情境中,这种水平自主的典型表现是探究性学习活动(包括文本研究、科学实验等)。一般地讲,方向设定意味着个体要发现和筹划活动的目标状态,后者与当下环境条件构成问题情境;因此,完全自主水平的学生不仅具备问题化解的能力,更要具备问题提出和问题分析的能力。

从基础自主经中间自主到完全自主,个人自主所涵盖的实践结构或问题解决环节愈来愈完整,内含的知识和技能等越来越深厚。在此值得关注的是,自我反思这一认知自主行为在学生自主发展中的特殊地位。无论行动中反思(reflection-in-action)、行动后反思(reflection-on-action)[1],还是行动前反思(reflection-for-action),其内容都是学生对活动的过程和质量进

---

[1] Schon D. A.. Educating the Reflective Practitioner: Toward a New Design for Teaching and Learning in the Preffessions [M]. John Wiley & Sons Inc, 1987: 26.

第二章　师生自主间性的理想形态 // 079

行评价,以帮助及时且有效地调整与完善自主素养。

（二）学生自主的纵向水平[1]

在教育世界乃至现实世界中,复杂性不同的活动要求学生具备并表现出不同层次的自主素养。所谓自主层级意味着,上阶自主的成分或表现内嵌着或包含下阶自主的成分或表现（见图11）。无论高阶自主还是低阶自主,它们的本体结构是一样的,只是面向对象及内含素养存有差异而已。在高阶完全自主+低阶完全自主和高阶基本自主+低阶基本自主之间,存在很多过渡性自主样态。

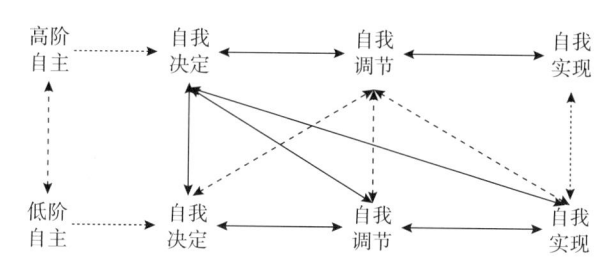

图11　学生自主的层级结构

以学生进行秋天不同树木叶片颜色的探究性实验[2]为例（见图12）。在实验设计阶段,学生们设定可能的研究方向并形成探究方案（高阶决定,"树叶颜色为什么不同"）,确定研究对象的范围、探究工具的获得和探究程序的组织（低阶决定,"选择何种可能原因来进行实验"）,甚至发现已有方案的不足并进行修改（低阶调节和低阶实现,"小组向班级汇报实验设计"）。在实施阶段,学生可能发现研究对象取样的问题并决定换成其他地点（高阶调节中的低阶决定）,并根据这种决定进行取样（高阶调节中的低阶实现,"'树叶年龄组'进入其他小组进行探究"）；至于方案

---

[1] 注：在追问自主的源泉时,法兰克福提出"一阶欲望"和"二阶欲望"的概念。见 Frankfurt H. G.. Freedom of the Will and the Concept of a Person [J]. The Journal of Philosophy, 1971 (1): 5-20. 受此文启发,本文提出"一阶自主"和"二阶自主"（甚至"高阶自主"）等概念。在教育情境中,自主究竟有多少阶并不重要；关键在于,教师要确定每个学生自主的目标,并从本体结构和面向对象方面设计和组织教学活动。

[2] 刘恩山. 中学生物教学论 [M]. 北京：高等教育出版社, 2003: 93-94.

不变部分，学生依既定计划进行（高阶实现，"'水影响组'维持原有方案"）。在分析阶段，学生根据既定思路进行（高阶实现，"'水影响组'执行原有方案"），调用多种分析技术（低阶实现，"水源调查和阅读手册"）。在实验报告阶段，学生自主在语言运用方面还具有不同的表现。

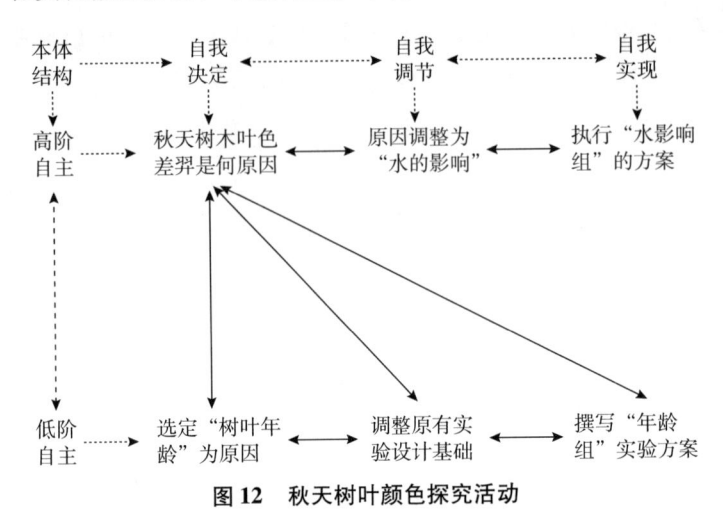

图12 秋天树叶颜色探究活动

注：与高阶自主中的任一部分都可能具有低阶自主的成分类似，本探究活动的高阶自主与低阶自主的关系复杂。本图仅以"树叶年龄组"为例标注高阶自我决定对应的低阶自主内容。

学生自主经历过愈加复杂且变化多端的活动，自主水平就越高（纵向层级越多和横向水平越宽）。当然，随着自我概念的逐步构建和清晰，学生将依其对象关注程度而表现出不同的自主素养。这向教育提出了重大挑战——教师必须深刻、生动且系统地理解所教内容，全面且合理地理解学生生活，建立学校生活、家庭生活和社会生活的和谐关系，以使学生自主不断地走向更高水平和变得更具个性。

（三）学生自主的对象选择

如前所述，个人自主具有关系性和独立性的双重属性。关系性意味着个体需积极地适应人类或社区的多样集体生活，因而其面向对象包括自我理解、个己实践和社会交往等方面；个性化则意味着，个体需建立良好的自我概念系统，根据优势和劣势作出必要取舍，增强某（些）方面实践的能力，在日后生活中积极地贯彻之。鉴于此，学生需要通过丰富多样的生活来拓展生活视野和加深自我理解，为未来自主提供选择机会和实践基础。

学校教育的主要意义就在于此。为了帮助学生适应其社会环境（包括教育环境），学校将向他们提供多方面的课程内容（尤其国家课程标准内容和各种校本课程）。通过这些课程的学习，学生逐步建立自我效能，并据之作出具体的方向选择（如主攻科目、职业定位等）。面对具体的学科课程内容，学生并非是完全被动、无助的，而是根据先前经验、家庭环境和个人信念等进行必要的判断、选择和升华。当然，在此过程中，教师（尤其学生学习不良科目的教师）需要创造安全的课堂环境并提供有效的自主支持，帮助学生理解学科价值和掌握学习方法，以使他们能够更好地面向未来。

三、师生参与性互动作为发展基础

"没有人出生就是自主的，但可以通过扩大社交距离而变成自主的"，即使"自主之人也需要社会环境，更像一种用以衬托自我、自我要脱离和要使用的环境"[1]。对于儿童而言，他们更需要生活在支持性的互动环境中，才能有效且充分地发展自主素养。在学校情境尤其教学活动中，学生经验、课程内容和他人支持构成学生自主素养发展的基础条件。

（一）卷入学习的学生经验

学生的学习活动绝非凭空开始，而是深刻地内嵌在并立足于过往经验。学生会积极发掘过往经验对当下生活的意义，从中汲取力量形成自我效能感，以面对当下进程潜在的"机遇"和"误解"。

现有经验支撑学生自主学习的参与可能。学生进入课堂的"初始阶段也涉及到迁移……是以人们带到学习情境中的知识为基础的"[2]。由于目

---

[1] Crittenden J.. The Social Nature of Autonomy [J]. The Review of Politics, 1993 55 (1)：35-65.

[2] 约翰·D. 布兰思福特等著，程可拉，孙亚玲，王旭卿，译. 人是如何学习的：大脑、心理、经验及学校 [M]. 上海：华东师范大学出版社，2002：70.

的、经历与人格等方面的差异，学生们参与教学活动的动机不同（如知识获得、满足兴趣或寻求交往），卷入学习活动和人际互动的意愿也有不同；由于先前经验的差异，学生们只能带着不同的知识、能力和价值观等参与课堂活动，在面对同样课程内容时预期产生不同的结果。因此，在积极意义上讲，现有经验或多或少地支撑着学生自主学习的范围及结果。

现有经验构成学生自主表现的现实资源。在课堂情境中，学生若想理解课程内容和参与教学交往，就必须表现必要的独立自主素养。其大致过程是，学生积极地启动既有认知结构，通过心理加工使其与当下的课程内容建立实质性联系，或者积极地调用已有交往技能，通过身体行为与教师或同学进行有意义的沟通。明显地，这些自主素养表现都离不开学生的过往生活，建立在他们的现有经验之上。这样，从内容来源上看，过往经验或多或少地组成学生表现自主素养的条件。

现有经验引导学生自主素养的发展进程。在日常生活和先前学习的过程中，学生们形成了独特的个人需要（如安全、尊重、自我实现等）和价值意识（甚至稳定的世界观、人生观和价值观），因而对教育、学校、课程、教师和同学及其作用、运行方式具有特定的期望和看法。在具体课程的学习过程中，这些意识（形态）影响甚至支配着学生课堂参与的意愿和自主表现的程度，进而影响他们自主素养发生的进程和质量。鉴于现有经验对学生自主素养发展的重要影响，教师务必全面地了解和理解学生的社会生活和关系网络。

（二）面向未来的课程内容

"符号化的思维和符号化的行为是人类生活中最为富有代表性的特征，并且人类文化的全部发展都依赖于这些条件。"❶ 就其本质而言，课程内容是人类活动经验之精华的符号性表征，包括当下活动和历史活动的过程及结果，并经过长期检验形成对未来情形的预测力量。正是由于它的抽象性或普适性，学生才有获得人类经验并走向成人社会的可能。

课程内容连接着学生的校园活动与社会生活。一般地讲，课程内容是

---

❶ 卡西尔著，李化梅，译. 人论 [M]. 上海：上海译文出版社，1985：36.

根据学生心理发展顺序安排的,既要考虑学生的当下素养和校园生活,也要考虑学生素养的发展和社会生活。虽然课程理解是在学校或课堂进行的,但其对象实际上多取自现实生活,为学生自主地面向社会生活提供了最基本的条件;课程内容所内含的"更高"技能则意味着学生可能获得自主素养的更高发展,以便深层次地理解和解决现实生活中的问题。通过课程内容学习,学生在某种程度上在当下的社会、自然和自我之间形成丰富的意义关联,也为进一步参与学校生活提供强大的动力。

课程内容连接着学生的当下生活和未来生活。作为成人设计和组织的结果,课程(理解)必然反映着他们对儿童未来的期望,反映着未来社会的内容与方式。这种带有成人性质的课程内容不仅能够提高学生的思维品质,拓展他们对社会生活的视野,还能培育他们参与公共生活的价值观。从自主发展和教育目的看,每种领域课程的性质将逐渐改变,且内容将逐渐加深;这意味着学生需要尽可能通过教师的帮助将自主发展区现实化和最大化。随着课程内容的不断更新和展开,学生被逐步引入未来的成人生活。这样,在课程理解的过程中,学生在当下生活和未来生活之间建立了更为深刻的意义关联,并从多样的课程内容中确定了其职业规划或未来状态。

课程内容连接着学生的独立行动和交往行动。任何课程内容都具有多种价值或功能,包括学术理性主义、认知过程的发展、个人意义、社会适应和社会重建等。[1] 这些符号化的课程可能偏向亲身一面(面向校园/当下),也可能偏向离身一面(面向校外/未来)。亲身性意味着学生具有独立理解课程内容的更多可能,或可通过个己行动使独立发展区成为现实;离身性意味着学生不易完全理解课程内容,需要通过交往活动来进行理解,进而使最近发展区成为现实。当然,任何课程内容虽可偏向一面,但不能执一端;学生若想使自主发展区最大程度地现实化,既需要努力地独立学习,又需要积极地与人交往。

虽然"只有在更大发展趋势的背景……自我发展的主要方面和次要方

---

[1] Eisner E. W.. The Educational Imagination: On the Design and Evaluation of School Programs (2nd) [M]. New York: Macmillan, 1985: 29 – 85.

面才能被有意义地区分"❶，但我们需要注意：只有通过不断更新、多种多样且难易兼有的课程内容及学校活动，学生才能不断地提升其自主素养，并从中选择和认定自我的未来形象。

（三）促进学习的他人支持❷

如自主最近发展区的概念所示，学生更高自主素养的发展需要他人的支持。这与教育的"发展性"是一致的，与教师职业（尤其专业自主发展）和小组合作理念的形成是积极关联的。具体而言，教师的自主支持主要体现在以下方面。

其一，教师转化课程形态以帮助学生面向现实对象。无论国家课程还是校本课程，都多以文本符号的形式而非事物/事件原有的样子而存在，在很大程度上超过了学生的现有自主水平。为了贴近学生的现有自主素养并激发他们参与学习活动的热情，教师需要综合考虑他们的能力水平、身心需要、课程内容以及教学材料等，切实地把课程内容转化为或内嵌到具体的学习实践活动。如此，学生才可能有机会主动地面对现实对象，通过阅读、理解或操作等行动将静态文本转变为亲身经验，以有力地提高面向真实世界的自我实现素养。

其二，教师提供学习指导以促进学生内化课程内容。由于课程内容与自主素养的差距，学生在学习过程中需要进行大量的身心调整，甚至遇到不知如何调整的情况（问题情境）。此时，教师应当及时地进行学习指导，如给出自己的理解结果，展示自己的分析过程，提供简单的思路提示，或着组织学生进行意见交流，使他们准确、深刻地掌握课程内容。当然，教师要根据学生自主水平来提供恰当的指导方式和支持内容。例如，对于理解水平较高的学生，教师可以向其提出方法论层次的问题，促进学生自主发展区的完全实现。通过教师的有力指导，学生将掌握知识运用的策略和方法，为自我调节素养奠定基础。

---

❶ Lipka R. P. and Brinthaupt T. M.. Self–perspectives across the Life Span [M]. Albany: State University of New York Press, 1992: 81.

❷ 注：在学生完全自主发展的意义上，教师应当积极考虑同学之间的自主支持。在课堂中，同学之间的互相支持甚至应当是基础的、核心的自主支持方式。

其三，教师设计作业情境以督促学生检验学习质量。学生自主能力的提升并非理解课程文本就能达成，而是需要通过具体且连续的活动任务才能完成。在教学活动中，由于认知能力、问题解决和人际交往等因素的影响，课程理解过程可能是断断续续的，其结果可能是纷繁、琐碎的。为了实现学生自我调节能力的熟练化，教师应当设计高质量的作业情境，让他们经历完整形式的真实活动，使其在最大程度上调用课堂所学的知识和技能，❶ 或使其认识到并及时纠正课程内容理解和运用方面的问题。这样，学生就会增强课程内容运用的自我效能感，为建构或参与活动打下情感基础。

既然学习需要并存在他人的自主支持，那么，参与对话就成为学生自主的重要内容。"对话可被视为支持学生学习新事物的工具或媒介（即通过交谈而学习），和学习交谈和交流的方式（学习着去交流）"❷。这进一步表明了师生自主间性存在的必要性。

---

❶ 杨宁. 从自我调节学习的角度看家庭作业 [J]. 课程·教材·教法, 2004 (11): 33 – 38.
❷ Van der Veen C., Van Kruistum C. & Michaels S.. Productive Classroom Dialogue as an Activity of Shared Thinking and Communicating: A Commentary on Marsal [J]. Mind, Culture, and Activity, 2015 22 (4): 320 – 325.

第二节　存异性共识作为行动基础

在学生自主素养发展作为旨归的前提下,所谓的"存异性共识"是指教师和学生就个人自主的结构达成共识,但每个儿童自主素养发展的目标和路径都建基于其独特的身心素质。前已提及,在课堂情境中,所有学生自主素养的经验基础是不同的,其课程学习的需要和自主发展的潜能也是不同的。为了实现每位学生自主素养发展的最大化,教师需要专业/自主地与他们进行交流,在自主素养的现实基础、发展目标和行动过程等方面形成集体共识,从而能够在课堂情境中生成最佳水平的自主间性。

一、自主本体结构异同作为行动前提

师生要想协同其个人自主的表现与发展,首要条件是就个人自主的内涵或结构达成共识。依循本文的定义,个人自主是在活动情境中,主体凭借自我决定和自我调节走向自我实现的形态;教师和学生应当承认:教师自主和学生自主都属于个人自主范畴,其本体结构都包括自我决定、自我调节和自我实现等成分。承认二者在结构上或本质上的相同,是教师和学生尊重和支持各方自主表现与发展的前提性条件;否则,自主间性(包括教师自主和学生自主)及其不断生成就失去了认识基础,学生自主素养发展的目标就可能落空。

前已提及,个人自主的一个重要属性是独立性或独特性。在承认双方自主本体结构之同一的基础上,教师和学生还要理清各方自主在组成要素上的差异。具体而言,发现差异性的基本过程如下:教师和学生通过自我理解和相互观察来理解其自主的现实水平,通过交流对话和积极想象来探索其自主组成部分发展的最高可能,在此基础上通过交流对话和自我思考来确定需要积极改善的自主成分,并发现可能的改进途径和要求。通过对自主要素进行具体思考,教学人员才能够真切地理解其间自主素养的差

异，进而形成实践自主间性的具体要求。

二、自主实践结构异同作为行动根本

个人自主是通过其实践结构（即活动）而表现和发展的；对应地，自主间性则通过交往双方的联合行动而表现和发展。为了实现行动的"联合"并基于个人自主的实践结构，教师和学生需要认识到：教师自主和学生自主的实践结构是相同的，包括活动—需要、行动—目的和操作—条件等成分。只有承认并赞同二者实践结构的相同性，教师和学生才能认识到个人自主或"自我"的系统性（包括认知、行为和情感等方面），才有可能通过有效的行动来真正地尊重和支持交往双方自主素养的表现和发展。如此，教师和学生才可能具备体现自主间性的联合实践活动的观念基础。

每个人都生活在特定情境中，具有独特的自我形象和自我认识。如前所述，这些先前经验影响着学生课程理解和人际交往的进程和质量。为了合理地促进学生自主素养的独特性，教师和学生还要察觉各方自主实践结构的差异。具体过程是，师生通过观察和沟通来详细地了解各方参与学校活动的需要和目的、可能提供的人/物资源，了解双方过往的活动经历、已有的行动体验和技能体系。通过这些交流，教师和学生能够深化个人自主实践结构的认识，能够从认知、情感和行为等方面凝聚共识和发现差异，从而生动地形成课堂实践自主间性的方向、内容、路径和方法等。

三、自主面向对象异同作为行动需求

为了使每个学生都有自主发展的可能，教师和学生要认识到个人自主面向对象的整体范围，包括自我理解、个己实践和人际交往。反映到学校教育情境中，师生自主面向的共同对象就应当是多样化的课程，如职业规划课程、学科课程或人际交往课程。包括国家课程、地方课程和校本课程等在内的课程体系确实在某种程度上向师生的教学活动提出了公共的、全面的内容要求，成为他们课堂实践自主间性所要面对的基本对象。

个人自主是面向未来的，是面向个性化未来的；在社会生活和先前学习过程中，有些学生可能已经认定了其未来将要或所需面向的对象领域或具体对象。这些面向对象的加入，使得他们的自主变得更为丰满、更为实在，也使师生自主间性具备了客观的可能和约束。当然，也有学生并没有形成面向未来的意愿。从教育目的上讲，每个学生应当"具有自我实现的强烈愿望……是自我的权利和责任主体"❶。为了达到这种境界，教师首先需要将课程内容转化为多样化的活动（如独立学习、小组讨论和全班展示），提供良好的自主空间和自主支持，让每个学生都有机会参与学习和解决问题。之后，教师和学生进一步实践自主间性，帮助后者生成更高品质的自主素养，建立更强的自我效能。

---

❶ 周晓燕. 自主的学生：学校教学生活中的现实建构［M］. 北京：教育科学出版社，2012：88－90.

第三节　问题化课堂作为生成环境

在现代社会中，个体需要在各种社会领域、活动模式之间不断地选择和转变。面对不断出现的新对象，个人可能遇到越来越多且越复杂的问题，需要"通过审慎或自动地使用特定机制和支持性元技能，对思想、情感、行为或注意进行调节"[1]；否则，他就会迷失自我的定位或认同。尤其在特殊情境中，如程序化活动难以维持，或出现未曾遇到的挑战，个体更需具备良好的自主精神。建基于深刻自我认识、深厚科学素养和坚强理想信念之上的自主素养是主体冲出具体问题情境的基础保障。基于此，本文认定：（不考虑面向对象）非确定性问题情境（以下简称问题情境）是个体自主素养的最充分表现场域，也是其获得最大化发展的最佳场域；问题解决是个人自主素养发展的主要方式；继而，问题情境和问题解决应当是师生自主间性实践的最佳场域和主要方式。

一、真实世界问题作为面向对象

在真实问题解决的过程中，主体需要对自我、环境及其关系形成系统性认识，动用自身和环境中的全部资源（如知识、能力、理想和工具等），以改变各要素的关系并使之朝着期望状态发展，因而体现着个人自主素养的最高水平。首先，情境问题的意识和澄明要求主体具有发展的愿望或变革的意愿，以及关于情境要素的部分知识。其次，问题分析的过程要求主体负责任地确定自己的行动方向，[2]并运用关于情境的结构与因素的系统性知识。再次，行动方案的实施和修正要求主体对问题环境具有动态的判

---

[1] Karoly P.. Mechanisms of Self–regulation: A Systems View [J]. Annual Review of Psychology. 1993 (1): 23–52.

[2] Atherton M.. The Relationship between Autonomy and Rationality in Education [J]. Educational Theory, 1978 (2): 96–101.

断和调整能力，并具有良好的身体素质。最后，问题解决质量的提升要求主体具有反思已有问题解决活动的意识和能力，具有强烈的自主发展愿望。即使在所谓的重复性活动中，个体实际上是重温既有的问题解决过程，并使之熟练化和策略化。

因此，为保证学生自主素养的表现和生成，教师和学生要对课堂活动进行问题化的考量和组织。尤其地，师生自主间性应以问题化课程为对象。所谓"问题化课程"就是人类真实问题解决活动的学科简化形式。从起源上看，课程内容是人类经验之精华的符号化表达，而人类经验本是在解决问题的过程中逐步形成的；因此，课程知识本身对应着客观的人类问题解决活动。具体地，这种对应性大致有三种情况：其一是课程内容对应着历史的问题解决活动；其二是课程内容对应着当下的问题解决活动；其三是课程内容对应着未来的问题解决活动。既然如此，教师应该面对人类的真实问题解决活动，以特定视角对它们进行有效的简化，以形成学生的学科问题解决活动。这样，通过课堂情境中的问题解决实践，学生才能感受到自主学习的现实价值，并以最有价值的素材提高其自主素养。

二、形成认知问题作为发展起点

"问题（question）开始于儿童初期，此时，我们的天生好奇心切换轨道，使我们成为学习者……事实上，学校课程的每一领域都可被视为人类问题的组成，适合某个特定领域的探究范围。"❶ 问题提出意味着学生开始主动地面对未曾知晓的事物，并试图发现更多的存在可能，因而是他通过自主表达来促进其自主素养发展的标志。倘若学生能够进行自我解答，那么，他就更深刻地建构起自我与"问题"对象的意义联系，增强面对未知事物或未知情境的自我效能感。"在语言的意义后面，隐藏着社会形成的动作方式（操作），人们在这些操作的过程中，改变和认识着周围现实"❷；

---

❶ Hudson – Ross S.. Student Questions: Moving Naturally into the Student – Centered Classroom [J]. The Social Studies, 1989 (3): 110 – 113.

❷ 阿·尼·列昂捷夫著，李沂，译. 活动·意识·个性 [M]. 上海：上海译文出版社，1980: 99.

因此，认知问题可被看作师生实践自主间性以面对课程内容及现实对象的起点。

基于此，认知问题解决应当作为师生自主间性实践的基本原则。具体而言，学生积极地参与课堂情境中的课程理解以实现自主素养的独立发展，并积极地发现和明确自身课程理解的问题；教师则合理地组织师生交流和生生互动，帮助学生解决尚未解决的问题并促进所学知识的结构化，使他们的自主最近发展区现实化；更理想的情况是，教师和学生共同提出并解决课程内容对应或内含的问题。进一步来讲，认知问题提出更是师生实践自主间性以解决真实问题情境的起点：真实问题情境只有被学生和教师转化为学科认知问题，才能被他们思考如何真实地化解。

三、理解性对话作为基本教学法

教学活动是师生进行情境性交往的过程，"就是诉诸对话，通过理解而实现精神世界的共享"[1]。在自主间性实践中，教师和学生交往的根本方式也是对话，且是理解性对话。理解性对话包括两种具体含义：其一，这种对话以促进对方理解的方式来进行。"个人是自主的和被认为是自主的，……个体不仅要对别人讲话，还要讲他人的语言。"[2] 就学生自主学习而言，它不仅要求学生努力地用清晰的语言向教师或同学表明所遇的障碍，也要求教师或同学以可理解的方式进行点拨和回应。其二，这种对话以问题解决为中心。课程内容是人类经验尤其问题解决活动之精华的符号化表征，是学生提升自主素养和走向社会生活的媒介。既然如此，师生的对话就必须围绕课程内容，针对真实实践问题以及由此产生的认知问题而展开。

理解性对话是尊重和支持双方自主表达和发展的基本方式，理由如下：其一，双方要想尊重自主表达，必须知晓对方言语的含义，也须以清楚的语言向对方陈述己方之意。其二，双方要想支持对方自主的表达，必

---

[1] 冯建军. 主体间性与教育交往 [J]. 高等教育研究，2011 (6)：26-31.
[2] Crittenden J.. The Social Nature of Autonomy [J]. The Review of Politics, 1993 55 (1)：35-65.

须使自己的语言具有可理解性,并鼓励和促进双方自主行为的持续性。其三,师生自主表达内含着学生自主素养的发展,内含着问题情境和心理困惑,尤其学生情绪和情感的低落。为了保证教学活动的进行,双方更加需要情感互动。"情感的理解是一个互动过程……从一个人的立场出发去获得关于他人情感的主观解释,是情感理解的关键"❶。理解性对话本身就表现双方的情感关怀,将有力地支撑起师生自主间性的实践过程。

交往是主体基于相互的理解和认同,以语言为中介的行为。❷ 然而,语言不仅是交际工具,也是思维工具,更是行动工具。"在语言的意义后面,隐藏着社会形成的动作方式(操作),人们在这些操作的过程中,改变和认识着周围现实"❸。因此,教学人员能够通过理解性对话来改变学生的未来行动方式和自我形象:"教师引发的对话包括通过带着清楚的学习目标去提问,以有目的地支持学生来参与(活动)","而在儿童引发的对话中,教师支架包括为(实现)学习和理解而积极地聆听和探求"❹;反之亦然。在这些对话中,儿童通过聆听和理解来建构课程与个己生活的联系,教师则发现学生的关键问题并向后者提供准确的反馈;反之亦然。这样,教学人员便在交换和理解彼此的观点的基础上,预先建构着实践对象的改造计划。

整体而言,上述自主间性理想形态(下文称"自主间性理念")贯彻了自主间性的基本内涵,即交往双方(师生)始于自主(存异性共识作为行动基础),通过自主,依循自主(问题化课堂作为生成环境),并终于自主(学生自主性发展作为旨归)。自主间性理念的建立为师生具体实践提供了必要的和良好的指引。

---

❶ 诺尔曼·丹森著,魏中军,孙安迹,译. 情感论 [M]. 沈阳:辽宁人民出版社,1989:213.

❷ 凡清. 语言、交往与个性的形成 [J]. 哲学动态,2005(9):13-17.

❸ 阿·尼·列昂捷夫著,李沂,译. 活动·意识·个性 [M]. 上海:上海译文出版社,1980:99.

❹ Muhonen H., Rasku-Puttonen H., Pakarinen E., Poikkeus A.-M., Lerkkanen M.-K.. Scaffolding through Dialogic Teaching in Early School Classrooms [J]. Teaching and Teacher Education, 2016 55:143-154.

第三章 师生自主间性的基本要素

一般而言,"活动是人类的社会性存在的一种具体形式"[1],其内容是主体、对象和工具的相互作用,结果是自然现实和社会现实发生有目的性的变化。鉴于教学活动的基本要素(包括学生、教师和课程),师生自主间性实践包括主体(教师和学生)、对象(课程或其对应实体)和工具(包括思维语言、活动规则和教学环境等)及其相互作用。如前所述,问题情境是个体最充分表现自主素养的场域,也是自主素养最大化发展的场域。在自主间性理想形态中,学生自主素养发展的最佳途径便是卷入和化解真实问题情境;教师专业自主素养的表现及发展应以学生问题解决活动的设计、组织和指导等为重心;课程内容亦应融入问题解决活动甚至转变为相应的真实问题情境。鉴于非确定性问题要求学生自主卷入的全面性,本文认定,课程内容对应的真实问题情境及其化解成为师生自主间性的根本面向对象(见图13)。

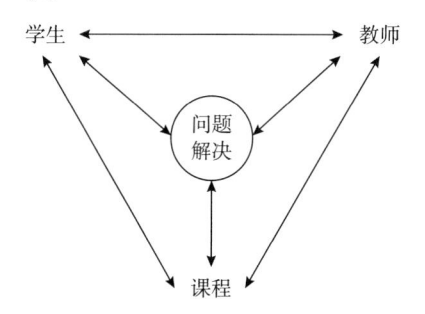

图13 师生自主间性之要素的关系

---

[1] Davydov V. V.. The Content and Unsolved Problems of Activity Theory.//Y. Engestrom, R. Miettinen, R. – L. Punamaki. Activity Theory [M]. Cambridge: Cambridge University Press, 1999: 39.

为了准确讨论自主间性理念下的基本要素，下文立足自主素养（包括自我决定、自我调节和自我实现，认知、行为和情感两个侧面），使用"学生自主""教师自主"和"课程理解"分别替代"学生""教师"和"课程"，并以"问题解决"作为主线对三者进行重点说明。（当初期面对教育教学环境时，师生可能感到困惑，本文将此时的环境作为学生问题解决所面向的对象处理）

第一节 发展的学生自主

无论在课堂上还是校园内外，学生经常面临各种各样的问题情境。[1]他们需要表现一定的自主素养，才能有效地解决"问题"，以之形成更高的自主能力、自主精神和自我效能感，为未来自主生活奠定基础或扫清障碍。教师则有必要全面地了解学生面向的问题情境，并与后者共同认识问题解决与自主素养的关系，以促进自主间性（尤其学生自主发展区）的现实化。

一、学生自主发展面向的问题情境

学生是生活在社会网络中的人，所遭遇的任何问题或事件都对其身心发展造成某种影响，继而影响他在类似情境或其他领域中的自主表现。学生只有有效地解决当前面临的"重大"问题，才更有信心去参与各种实践活动或过上幸福生活。

（一）课程理解问题情境

课程内容是人类优秀活动过程及结果的符号性表达，是儿童走入成人

---

[1] 例如，张红宁. 当代学生人际交往心理问题分析及应对策略 [J]. 学术探索，2012 (12)：88 – 90. 谢智燕. 农村生活经验与英语教材的适切性问题 [J]. 现代教育科学，2009 (12)：87 – 88. Wilson H. B.. The Relation of the High – School Course to the Student's Life Problems [J]. The School Review，1908 (7)：469 – 474.

社会所必须掌握的基本内容，其理解始终是师生教学的根本任务。然而，符号性的课程内容与儿童心理经验存在某种差距。因而，课程内容的有效掌握成为学生自主发展所必须面对和解决的首要问题。

课程内容的符号性使其自身远离了学生心理。课程文本揭示了实践活动内含的知识、技能和方法论，但这种维度划分割裂了活动原有的完整性和生动性。对于学生（尤其中低年级学生）而言，他们并不愿意参与这些文本的空洞学习，其素养亦不足以使其完全理解这些抽象的内容。然而，为了走向成人社会的生活，学生必须理解和掌握这些基本和基础的内容。这样，如何实现课程内容的有效理解成为学生自主学习必须面对的基本问题。此外，课程内容的持续更新、人际交往的不断变化可能让学生积累一定的失败体验，进而降低其学业期望和自我效能感；这样，学习动力会成为学生自主学习必须面对的问题。

课程内容的符号性使其自身远离了人类生活。根据教育的目的，通过理解和掌握课程内容，学生本应更加有效地解决其当下或未来的问题。由于抽象性，课程内容在某种意义上失去了对应实践活动或问题解决所具有的意义性、具身性和反思性等。倘若学校情境中的学习要求学生"把所有注意力都集中在如何思考和思考什么这两个问题上"[1]，而忘记为什么要思考这一问题，那么，他们不仅难以理解课程内容与现实生活的具体关系，也很难保证将这些知识、技能和方法等有效地运用于具体的实践情境。如此，学生就成为"有学无用"之人，难以从容应对真实世界的生活。因此，如何建立课程内容与实践活动的意义关联成为学生自主发展所要面对的重要问题。

（二）人际交往问题情境

无论出于问题解决还是建立情感联系的需要，学生都需要参与和维持某种范围的人际交往。人际交往并非单向行为，不仅需要他者对个己的理解和回应，也需要个己对他者的言行作出理解和回应。由于个己与他人在

---

[1] 丹东尼奥，拜森赫茨著，宋玲，译. 课堂提问的艺术：发展教师的有效提问技能［M］. 北京：中国轻工业出版社，2006：62.

意向、能力和经验等方面的差异，学生自主活动可能面临多种多样的人际问题。

教学活动的实现要求学生进行有序交往。教学活动是一种团体性质的活动，必须遵循某些基本规则（包括师生的活动方向、行动方式和行为要求，师生以及生生的互动任务、要求和方式），才能使全体学生有效地参与活动并提高自身的自主素养。否则，"由于学生不理解任务，没有卷入学习活动，或者不能获得需要的支持时，无益的学生行为就会发生"❶。另外，由于课程理解活动的复杂性，学生需要不断地调整其行为或交往方式。这样，如何有效地面向课程理解进行交往，化解互动过程中可能出现的问题，成为学生自主学习必须面对的重要主题。

社会生活的复杂要求学生进行灵活交往。学生不仅生活于安全的学校情境，更生活在复杂且多变的社会环境中。在校外，丰富多彩的活动包含着多样的活动规则，从明确且固定的规则到模糊且变化的规则。自主之人并不会全部参与其中，亦非"随波逐流"。"基于个性存在于组织协调性社会活动这一基础，一个自身经历持续改变的组织和活动部分地被个体的认同所调节"❷；个体应当根据其兴趣、志向或意向等选择活动内容，并接受相应的规则甚至创造活动规则。然而，学生总会主动地投入或被动地卷入现有的甚至未知的社会交往（例如不知他人如何对我的请求进行回应），甚至与社会要求发生冲突。要想自主于世，学生就需要灵活的交往技能，以有效地解决各种人际困境。

（三）个己生活问题情境

在学校情境外，学生还有属己的日常生活世界。在这种世界中，学生品味人生百态，观感社会万象，投身实践活动并塑造自我认识。由于耳濡目染和潜移默化等特征，这些日常生活将对儿童的校园生活造成持久深远的影响。

---

❶ Jones V. F., Jones L. S.. Comprehensive Classroom Management: Motivating and Managing Student (3rd) [M]. Boston: Allyn and Bacon, 1990: 294.

❷ Roth W. -M.. Reading Activity, Consciousness, Personality Dialectically: Cultural - Historical Activity Theory and the Centrality of Society [J]. Mind, Culture, and Activity, 2014 21 (1): 4 - 20.

第三章　师生自主间性的基本要素　　// 097

　　学生的自我认识影响他的校园表现。青少年的核心发展任务是自我同一性（identity），形成一种安全、连贯且整合的认同，在自己的现实与预期、自己预期与他人预期之间感到不断前进的连续性。❶ 但是，自我认识是一个复杂的事物（包括身体意识、生活理想和兴趣爱好等众多内容），不仅受到内部感知（如身体状态、情绪感受）的影响，也受到社会环境（包括他人、事件和自然）的影响。尤其地，他们需要通过社会活动、媒体生活和课外阅读等积极地探索、构建和内化独特的生命故事。❷ 然而，社会性因素的交互作用并非有百利而无一害，而是可能造成学生内部心理（如兴趣、志向、压力和关系）的冲突，由此决定学生自主学习发展的程度。

　　学生的个己实践影响他的学校行为。研究表明，不同家庭看待儿童的情感态度和对儿童的要求和控制是不同的，包括权威型（接受＋控制）、专断型（拒绝＋控制）、放纵型（接受＋容许）和忽视型（拒绝＋容许）。❸ 其中，权威型家长通常为儿童合理行为提供清楚的标准，并希望和支持他们对社会负责、自我调节和互相合作。这与自主教育的方向是一致的，而其他教养方式则不然。在学校外，不同学生会受到他人（尤其家长）的不同对待，并根据兴趣、理想等进行不同的实践活动。这些不同的家庭教养方式（与学校教养方式的一致性）影响着学生的自我认识，影响其对课堂生活的看法和参与及自主发展区的现实化。

　　由上可知，在形成自我认同和自主素养的过程中，学生必须兼顾学校课程和日常生活、校园交往和日常交往、个己实践和自我认识，并维持或创造这些内容之间的平衡，例如日常问题课程化、学校课程生活化、课程理解问题化（理想的情况是，学校课程全面地覆盖这些方面的生活或问题）。只有化解上述问题，学生才能认定其理想自我，努力成长为知识渊

---

❶ 埃里克·H. 埃里克森著，孙名之，译. 同一性：青少年与危机 [M]. 北京：中央编译出版社，2015：59.

❷ Motti‑Stefanidi F.. Identity Development in the Context of the Risk and Resilience Framework. //K. C. McLean & M. Syed. The Oxford Handbook of Identity Development [M]. New York: Oxford University Press, 2015: 486.

❸ Baumrind D.. The Influence of Parenting Style on Adolescent Competence and Substance Use [J]. The Journal of Early Adolescence, 1991 11 (1): 56-95.

博、技能娴熟和情感丰富的自主之人。

二、问题情境对学生自主表达的诉求

无论面临何种问题情境，一旦学生决定实现自己的理想状态，就要凭借自身能力和人际支持来调动相应的问题解决程序：问题提出（确定并明确问题、程序的选择），问题分析（信息的表征、策略的形成），问题化解（资源的分配、问题解决的监控和问题解决的评价）。❶ 其中每一步骤的完成都要求学生积极表现自助素养，决定下一步骤乃至整个问题解决的可能和结果，进而决定该活动对学生自主发展的价值。下文以简单问题解决和单阶个人自主的对应性关系为例进行说明（见图14a）。

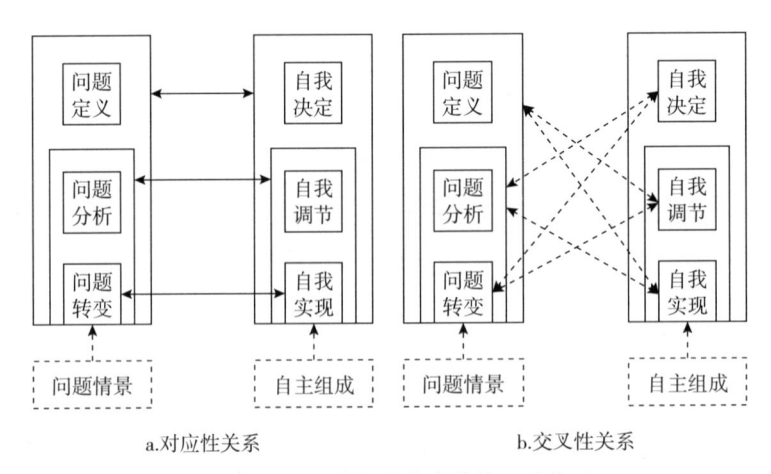

a.对应性关系　　　　　　b.交叉性关系

图14　问题解决与自主素养的双重关系

注：相对而言，对应性关系更多地存在于单阶自主和简单问题（解决）的情况；而交叉性关系更多地存在于多阶自主和复杂问题（解决）的情况。

（一）问题情境对自我决定的诉求

真实世界问题的结构性通常比较差（非确定性的），因而问题解决的

---

❶ 斯腾伯格，史渥林著．赵海燕，译．思维教学：培养聪明的学习者［M］．北京：中国轻工业出版社，2001：90-93．

第一步（有时最难的一步）是确定问题的存在。❶ 学生可能毫无察觉问题情境的存在，或深深地陷于困惑情境而不知方向。他们若要走出困境，须凭借意志确定将要进行的活动或其组成性要素。

问题情境的卷入要求学生进行自我决定。学生每天都在面对新情境（包括家庭、社会和学校，尤其课程内容），因而处处可能遇见问题。有时，学生进入某种情境就会感到不舒服，希望或逼迫自己改变这种境遇，却全然不知为何要改变和要改变什么。在这种情况下，"找出问题是什么比找出问题的解决办法更难"❷。即使他人提出的问题，学生只有认定该问题是"自己"要面对的问题情境，才可能尝试性解答或寻找问题解决的方向。无论哪种情况，只要学生想化解困境，就必须首先作出自我决定以卷入问题情境（或认同他人的任务）。

问题解决的过程要求学生进行自我决定。问题解决就是活动及其要素的现有状态或其间关系被主体改变以达到理想状态的过程。这一过程的实现首先要求学生明确方向或目标。具体而言，当面临或意识到可能的选项时，学生究竟选择其中，还是选择其外：倘若选择其中，学生就需要理解问题实质并作出合理选择；倘若选择其外，学生就需要设想更为具体的结果状态。在确定目标的基础上，学生将思考或选择如何从现实走向目标的行动路线，进一步自我决定问题化解的活动方案（在某种程度上，其可行性取决于学生的实际能力）。

（二）问题情境对自我调节的诉求

问题情境的出现标志着学生身心（包括情绪、认知和行为）与活动要求或未来状态出现矛盾，且二者都不能返回到原有状态。为了实现生命活动的向前发展，学生需要调整认知、态度和行为以能改变既定活动的要素及其间关系。

问题情境的出现本身要求学生进行自我调节。一旦进入问题情境，学

---

❶ 斯腾伯格，史渥林著，赵海燕，译. 思维教学：培养聪明的学习者 [M]. 北京：中国轻工业出版社，2001：125–137.
❷ 斯腾伯格，史渥林著，赵海燕，译. 思维教学：培养聪明的学习者 [M]. 北京：中国轻工业出版社，2001：125–137.

生首先感受到结果未知而带来的不安；他需要调整情绪并恢复到理性状态，才可能有效地直面问题情境。在行动目标被决定后，学生则需要思考和设计到达理想状态的路径。在这个过程中，"每一个思维动作都在改变着主体与客体的相互关系，引起问题情境和课题的变化，而任何这样的变化又会引起思维的进一步运动"❶。这就要求，学生不断地调动和调整知识、技能、经验，对不断给生成的行动路线作出可行性判断，以设计出切合实际的行动方案。可见，问题情境要求学生表现出自我调节的意志，并预先化解活动要素之间的矛盾。

活动方案的执行过程要求学生进行自我调节。一旦学生确定活动目标和行动方案，他就应当努力地实践以完成既定目标。然而，问题情境是一个内部充满复杂联系的系统。由于问题背景信息，非正规性知识和正规性知识储备，信息获取的途径和来源❷等因素的影响，个体不仅无法完全掌握活动的要素，无法充分预料活动的变化，其行动更是增添了问题情境的复杂性。因此，问题解决绝非学生表现既有能力并照搬活动方案的过程，而是要求他不断地进行自我调节，监控、评价和修正既定路线及操作方式，使整个问题解决活动具有走向既定目标的最大可能性。

（三）问题情境对自我实现的诉求

问题情境的化解并非解决方案的形成，而是要求学生依靠认知和动作执行既定的活动计划，以试图获得期望的结果。在方案实施过程中，学生虽然凭借习惯性动作和认知实现大多"执行"，但也需要强大的意志品质作为保障。

问题情境化解要求学生具有自我实现的能力。在对活动要素及其关系进行转变的过程中，学生必须具备和表现活动方案所规定的行动和思维能力，甚至是熟练的自我实现素养。没有这种自主素养，问题化解便无从谈起。从本源上看，自我实现素养是通过之前的问题解决活动形成的，因而

---

❶ 杜殿坤. 原苏联教学论流派研究 [M]. 西安：陕西人民教育出版社，1993：360.
❷ 斯腾伯格，史渥林著，赵海燕，译. 思维教学：培养聪明的学习者 [M]. 北京：中国轻工业出版社，2001：125 - 137.

使学生具备解决类似问题的可能；但从当下看，这种素养只是问题化解的基础部分，而非问题解决的核心部分。为了赢得发展的时空，学生需要将这些原有的自我实现技能熟练化，使之达到具有压缩性、直觉性的自动化状态。如此，学生才有机会和条件实现更为智慧的生活。

问题情境化解要求学生具有自我实现的意志。在整个问题解决过程中，各种"小"问题可能层出不穷，导致自我实现行动时断时续或反反复复；新知识、新方法和新策略的学习也会导致自我实现过程的延缓。因此，学生时时且处处都要面对困惑。此时，学生一方面要树立牢固的信念："感情和愿望是人类一切努力和创造背后的动力""每天的努力并非来自深思熟虑的意向或计划，而是直接来自激情"[1]。另一方面，学生要看到这些过程对整个问题解决活动的贡献：正是通过不断地自我调节和自我实现，学生才能够更有质量地完成活动和不断提高自主素养。

由上可见，问题情境和自主素养可被看作"提问"与"回答"的关系，二者共存于主体的自我世界。面对问题情境时，个体不得不发挥其自主素养；"素养，只是在活动中和在情境中具有意义"[2]。这也意味着，含有新异因素的问题情境将能够向学生自主素养提供发挥和发展的空间。

三、问题解决对学生自主发展的回应

一旦学生决定面对问题情境，就应尽其全力调动内部与外部资源，改变活动情境各要素之间的关系，以使自主独立发展区尽可能地现实化。这样，问题解决过程回应着学生自主素养发展的诉求。下文以简单问题解决和单阶个人自主的对应性关系为例进行说明（见图14a）。

（一）问题提出促进自我决定素养

对于问题解决活动而言，问题提出（包括确定并明确问题，程序的选

---

[1] 许良英，范岱年，编译. 爱因斯坦文集（第一卷）[M]. 北京：商务印书馆，1976：397，10.

[2] Jonnaert P., Masciotra D., Barrette J., Morel D. & Mane Y.. From Competence in the Curriculum to Competence in Action [J]. Prospects, 2007 (2): 187–203.

择）具有基础性地位，不仅标志着问题解决的开始，也影响后续问题解决阶段的展开。通过问题提出，学生不仅促进自我认识，而且提高行动效能。

问题提出促进学生的自我认识。在提出和明确行动目标之前，学生需要充分地调动其全部知识和技能，来详细地描述和理解问题情境。在这个过程中，学生将发现问题情境及其内部结构存在某种"不明"之处；这种"不明"的出现意味着，他意识到自身的知识结构并不足以涵盖该情境的全部内容。一旦学生承认自身存在不足，并认为该不足需要被弥补，那么，他便可能找到了有价值的问题及其解决方式。进而，他就有机会完善或加强知识结构的建设，"形成一些在外部世界或主体内心中原先并不存在的结构"[1]。这样，问题提出能使学生清楚地认识当下自我，并有机会加强未来自我决定所需要的信息基础。

问题提出规范学生的行动方向。问题情境是复杂系统，其任何要素之间的关系都可作为"问题"被提出，如"是什么""为什么"和"怎么办"。通过问题提出，学生将使其注意聚焦于问题情境因素的特定关系。倘若学生关注"是什么"的问题，他的活动内容是描述当前情境及其要素的状态，因而需要积极地调用与此相关的事实性知识；倘若学生关注"为什么"，他需要阐述当前情境中各个要素的关系，因而需要调用相关的概念性知识；倘若关注"怎么办"的问题，学生需要调用相关的程序性知识和元认知知识。这样，问题提出使学生集中精力于做实事，进而检验和提高自我决定的质量。

（二）问题分析促进自我调节素养

问题分析（包括信息的表征，策略的形成）是连接问题提出和问题化解的中间环节，是问题情境被有效化解的关键。通过问题分析，学生将把握问题情境各要素的现实状态与理想状态及其所需改造之处，从而找到认知、行为和态度调整的准确位点。

问题分析增强学生的调节意识。无论活动情境还是方案实施出现问

---

[1] 皮亚杰著，范祖珠，译. 发生认识论 [M]. 北京：商务印书馆，1990：53.

题，学生都要进行恰当的分析行为。在信息表征和策略形成过程中，学生需要分析问题情境当下状态和目标状态的各要素的关系，并找到某种（或某些）改变要素的方式。在这些过程中，学生意识到问题化解的内涵（如调整行动路线、更换操作方法、重新分配资源）及其对自身自主素养的要求，明确地认识到自己所应采取的行动内容，如调动更多的自身资源，学习必要的知识技能，向教师或同学求取帮助。这样，学生就能明确问题解决的关键所在，从而增强后续活动的自我调节意识。

问题分析增强学生的调节技能。在问题分析过程中，学生或发现当下情境中的条件—结果规则，或察觉当下问题与先前问题的类似（包括内容结构或解决方法等方面），或对原有素养和新学内容进行整合，以建立某种原理性的分析框架或方法论。以数学学习为例，它包括观察与实验、划分与比较、分析与综合等一般方法，并且包含大量的具体方法。❶ 这些方法结构不仅能够扩展学生对问题情境的数学理解，也能增强他们数学分析和数学知识的迁移能力。因此，凭借问题分析，学生提高统筹和迁移能力，增强自我调节的技能或品质。

（三）问题化解促进自我实现素养

问题化解（包括资源的分配，问题解决的监控和问题解决的评价）是学生凭借其身心表达与情境要素发生实际交互的过程，并使二者达到自己或他人所期望的状态。通过问题化解过程，学生将积累问题解决的经验，并优化自身的知能结构。

问题化解促进学生的内化学习。研究表明，"问题解决活动中的同化和顺应恰恰是知识经验建构的机制所在"❷。在问题化解过程中，学生需要按既定计划的客观要求进行规范性操作，才能使活动方案的内容成为现实存在；与此同时，外在环境的客观变化也将以特定方式对学生造成特殊的影响。在问题化解的过程中，学生将与活动情境发生真实的关联，以全部身心去接触、体验、思考和掌握课程内容，并可能对知识和技能的形成过

---

❶ 王林全. 中学数学思想方法概论 [M]. 广州：暨南大学出版社，2000：110-144.
❷ 张建伟. 基于问题解决的知识建构 [J]. 教育研究，2000（10）：58-62.

程建立深刻的背景化理解。这样,问题化解将促进学生对课程内容的有意义的内化学习。

问题化解优化学生的经验结构。在问题化解过程中,儿童凭其身心能力来完成既定计划所规定的行动,努力地使其原有知能和新学知能形成连贯、和谐的整体。由于"问题提出"对情境要素的选择性关注,学生的方案设计可能忽略或倚重某种要素,使其操作产生某些意想不到的结果;因此,学生需要对活动进程和状态进行不断的监控,以弥补活动筹划能力的不足。正是通过执行、监控和调整的过程,学生将问题情境、活动过程、身体自主与心理自主整合成为系统,将相关经验进一步优化和整合,并存留于他的身心和建立自我效能感。这样,学生将促进身心经验结构的优化,从而有利于自主素养的未来表现。

由上观之,自主素养的发展要通过自主素养的表达来实现:学生遭遇的任何问题情境都要求他具有和表现自主素养;问题情境的化解过程将扩大他们的自主体验和自我效能,并使其在未来活动中表现出更强的自主性❶。简言之,学生有问题,学习才有意义,自主才能发展。

---

❶ 注:自主素养具有认知、行为和情感等维度。独立问题解决活动更多地促进学生的认知自主性或行为自主性,而学生的情感自主性或行为自主性更多地依靠交流活动。因此,本研究倾向于采用团体问题解决活动的教学形态(见第四章"师生自主间性的发展机制")。

第二节 专业的教师自主

就班级情境中的学生而言,自主活动意味着他们要积极且有意识地标定方向,并朝向满足普遍的且集体性的需要这一目的而行动;当不存在这种对象时,教师需要打开它。❶ 如前所述,自主素养通过具体的问题解决活动才能实现自身的表现和发展。因之,在自主间性理念中,教师专业角色(主要包括设计方案、组织活动和引领对话)❷ 的表现是围绕学生自主素养发展和课程内容要求来(组织学生)设计问题情境,发现、分析和化解问题,甚至发现个己自主素养发展的可能(见表2)。

表2 作为问题解决者的教师角色

个人自主	问题解决角色	面向个己—交往实践			面向自我理解
自我决定	设计方案	问题情境的设计	课堂问题的设计	课程问题的发现	自身问题的发现
自我调节	引领对话	情境理解的回应	课堂问题的回应	课堂问题的发现	问题解决的设计
自我实现	组织活动	问题设计的组织	问题解答的组织	问题发现的组织	解决方案的实施

注:由于教师、学生和课程共存于学校课堂且相互影响;因此,学生和课程的问题在某种程度上就是教师的问题。本表"面向个己—交往实践"针对教师专业实践,"面向自我理解"针对教师专业发展。

一、"问题解决"方案的自主设计

作为专业人员,教师首先要综合考虑课程标准、学生生活和学习实践

---

❶ Roth W-M.. Reading Activity, Consciousness, Personality Dialectically: Cultural-Historical Activity Theory and the Centrality of Society [J]. Mind, Culture, and Activity, 2014 21 (1): 4-20.

❷ 当代教师所应当扮演的角色是非常之多的。参见:麦金泰尔著,丁怡,译. 教师角色 [M]. 北京:中国轻工业出版社,2002;姜勇,洪秀敏,庞丽娟. 教师自主发展及其内在机制 [M]. 北京:北京师范大学出版社,2009。教师的主要角色包括设计者、组织者和对话者、研究者、学习者、反思者和评价者等。其中,后四种角色只是在课堂教学背后发挥支持作用,促进教师自主与学生自主的交互表现。鉴于课堂是发展学生自主素养的关键场域,本部分将重点阐述教师专业的设计者、组织者和对话者角色。

等设计问题情境,自觉地为学生提供自主表现和发展的课堂环境;在学生问题解决过程中,教师还需积极地提出(甚至发现)更高质量的问题,帮助他们(或自身)发展更高水平的自主素养。

(一) 认真设计真实问题情境

为了促进学生自主的发展,教师需要挖掘课程文本对应的实践问题解决活动,选择或创设良好的问题化课堂情境,并采取有效的措施让学生参与其中。如此,学生才能使其自主独立发展区得到充分的现实化。

第一,教师找到有效的问题情境来源。课程是关于教师指导与学生学习之持续过程的计划,❶ 是学生获得自主发展的核心精神资源。但是,它并不会自动地成为学生(面向真实世界的)自主素养。在保证良好知识结构的前提下,教师应当积极把握课程文本中的核心概念和认知要求,将其转变为问题情境和问题解决的要件,为学生自主素养发展提供良好的环境条件。"儿童的问题是其好奇活动的起点,和教师通过提问或提供有助于学生解决问题的文化性学科知识片段而进行帮助的起点"❷;在完成课程任务的前提下,教师还应当积极地立足学生的"问题情境"(包括兴趣、生活、交往等方面)设计活动,使他们更易卷入课堂活动。这样,学生将有可能真正地理解课程内容的本质,为进行类似的问题解决活动提供良好的认知框架。

第二,教师恰当地进行问题情境设置。为了面向和走进各种成人社会的生活,学生的自主学习活动应当取材于真实世界的问题情境。然而,由于经验、认知等方面的不足,他们无法驾驭这些复杂的问题情境;因此,教师需要努力对现实问题情境(或问题解决)进行文字性或实物性简化。展现在学生面前的情境创设,一方面应当是需要他们去思考、去探索、去解决的各种社会性和生活性课题,但不是杂乱无章的原生态的现实情境,

---

❶ 大卫·布莱特著,黄铭,张慧芝,译.课程设计:教育专业手册 [M]. 台北:桂冠, 2000: 6.

❷ Dobber M. & Van Oers B.. The Role of the Teacher in Promoting Dialogue and Polylogue During Inquiry Activities in Primary Education [J]. Mind, Culture, and Activity, 2015 22 (4): 326 – 341.

而是经过初步整理的"准现实问题"。❶ 另一方面,这种情境应该内含学生尚未知晓的知识,能够满足和刺激学生的认知需要,并具有将学生卷入其中的可能性,❷ 以促进其自主素养的发展。

第三,教师明确问题解决活动的要求。促进学生自主发展的问题解决活动应当包括三个成分:活动所内含的必要动作;揭示未知的东西和反映学生的潜在能力。❸ 为了使全部学生都有机会从中受益,教师应尽量向他们提出明确的问题解决活动要求。在行为方面,教师应当提醒学生遵守活动规则,如分工、求助、时间;在认知方面,教师应当引导学生运用已有经验来大胆地思考,并严格地运用新的知识、方法和思路去验证;在情感方面,教师应当相信学生的潜能,鼓励他们尽其所能地消除"疑惑不解"。"不以规矩,不成方圆"。在明确和遵守活动要求后,学生才能有效地参与和完成问题解决活动,从而获得自主素养的最大化发展。

(二)认真设计课堂教学问题

在备课过程中,教师要努力设计好六个方面的教学法问题(目标结构,内容结构,时间结构或过程结构,方法结构或行为结构,社会结构和关系结构,空间结构)❹,以切实帮助学生以问题解决形式解决真实世界问题的质量。

其一,教师准备导入性问题。任何问题情境都可以从多种角度进行研究或加以解决。教师需要预设一定的导入性问题,为学生提供恰当的目标或结构,以使他们能够以学科视角(或课节内容相关的方法)分析和解决问题。从促进学生自主发展最大化的角度讲,导入性问题应当根据核心概念来设计,并聚焦于核心的真实问题。这样,"它们会标明和向学生提示某种特定的认知操作,并引导学生在回忆和执行这种操作过程中运用这些

---

❶ 王美琴. 从问题情境看数学与生活的联系 [J]. 上海教育科研, 2006 (1): 75-76.
❷ 梁励. 论历史教学中问题情境的创设 [J]. 课程·教材·教法, 2005 (5): 55-59.
❸ 杜殿坤. 原苏联教学论流派研究 [M]. 西安: 陕西人民教育出版社, 1993: 365.
❹ 希尔伯特·迈尔著, 夏利群, 译. 备课指南 [M]. 上海: 华东师范大学出版社, 2011: 149.

线索做辅助"❶，帮助学生顺利地完成问题解决活动。此外，导入性问题还要让学生相信任务的价值，或激起他们的学习兴趣，❷ 从而积极地投入到问题解决活动。

其二，教师预设加工性问题。所谓加工性问题大概有重新聚焦的问题、解释性问题、验证性问题、限定焦点的问题、支持性问题和重新直接询问的问题。❸ 为促进自主学习活动的发生，教师应当瞄准自主活动的内容和方法，设计出高质量的加工性问题，帮助学生"有效地"将思维集中于实践对象，反思自己的初始回答，理解自己观点背后的思想，或者形成结构良好的知识体系等。在预设过程中，教师要立足于不同学生自主的双重发展区间，以学生的关键性概念转变为核心，从知识、认知和语言等方面着手设计问题，以为全体成员的自主表现和发展提供扎实且丰富的基础。

其三，教师计划组织性问题。由于学习过程、人际关系和空间分布等因素的影响，学生在真实问题解决过程中可能遇到不同类型的"问题"（如缺乏知识和经验、缺乏工具和资源），并期待与教师或同学进行沟通，以获得及时且有效的自主支持。为此，教师应当分析日常教学活动（如分工、合作与互助），预先估计课堂活动可能出现的组织性问题，并做好相关的指令性准备。在教学活动开始时，教师提醒学生注意和解决班级秩序问题，保证人员、物品和信息在班级中有序地流动，以使全体学生都能有所收获。

（三）认真发现课程设计问题

课程本是引导学生自主发展的力量。但是，由于教师理解、学生理解和学校条件等因素的影响，课程内容（及其对应问题解决方案）及实施过

---

❶ Beyer B. K.. Improving Student Thinking [M]. Boston：Allyn & Bacon, 1997.//丹东尼奥，拜森赫茨著，宋玲，译. 课堂提问的艺术：发展教师的有效提问技能 [M]. 北京：中国轻工业出版社，2006：47.

❷ Wigfield A, Eccles J.. The Development of Achievement Task Values：A Theoretical Analysis [J]. Developmental Review, 1992 12 (3)：265 – 310.

❸ 丹东尼奥，拜森赫茨著，宋玲，译. 课堂提问的艺术：发展教师的有效提问技能 [M]. 北京：中国轻工业出版社，2006：197.

程可能与学生自主素养发展这一原初目的存在正向或负向的偏离。教师务必对此多加关注，以便有机会更好地设计相关学科、学习问题和教学问题的探究方案。

其一，教师关注课程内容的恰当性问题。由于编辑出版的原因，课程材料可能并不符合发展学生自主甚至课程标准的要求。在进行校本课程或特色课程建设的过程中，教师可能并未完全理解学生自主的内涵、校本设计的原则和所选内容的属性等，导致编写的材料存在难易不定、内容漏缺、概念错误等现象。更为关键的是，无论什么样的材料，它们都可能被不同教师以不同方式进行解读或误读，对学生自主发展造成积极的、消极的或无关的效果。为了保证学生自主素养的发展，教师必须凭其专业素养关注课程内容（包括知识、认知和语言）是否恰当的问题，至少采取有效措施避免消极结果的出现。

其二，教师关注课程组织的合理性问题。对任何学科课程而言，其具体内容都可以不同的方式进行组织，[1] 因而具有和体现不同性质的关系。但是，由于经验结构、学科素养和思维方式等因素的影响，不同学生对这些课程组织方式可能有不同程度的适应性。因此，在教学过程之中和之后，教师要凭借其专业素养并从学生自主发展角度来考虑，这些适应性问题是否由课程组织本身的问题而引起。若是，教师则应积极修改课程内容的结构；若非，教师则应努力调整学生思维的品质。这样，教师才能促进学生对课程内容的理解及其知识结构的优化，以保证后者自主发展取得实效。

其三，教师关注课程实施的生成性问题。由于多种因素（如学生参与、教师引导和资源搭配）使然，课程内容在实施过程中会以特定的方式生成，甚至生成多种"问题"；这些问题可能反映学生的思维问题，也可能成为学生的探究主题。面对这些可能性，教师要积极运用各种教学手段设置需要学生努力而又是其力所能及的学习情境，让后者进一步对有关现象、事例、实验进行感知和思考，自主地发现和提出问题；教师也可以利用知识的联系来引导学生对相关知识进行分析推理，以发现并提出其中隐

---

[1] 吕立杰，袁秋红. 校本课程开发中的课程组织逻辑[J]. 教育研究，2014（9）：96–103.

藏的问题；教师还可以把学生引入问题情境式的作业中，让学生可以自主地完成问题建构。❶

二、"问题解决"活动的自主组织

（一）积极组织真实问题的设计❷

鉴于问题解决与自主素养的关系、学生自主素养发展最大化的诉求，教师应当根据学生的自主水平提供适当的时空和指导，引导他们进行完整的真实问题设计，以保证他们有机会系统地把握和理解问题解决与自主素养的关系。

首先，教师组织学生形成探究主题。作为问题解决的第一步，教师需要组织班级学生确定自主探究活动的对象。教师可以让学生根据个己兴趣提出探索主题，也可鼓动他们根据课程要求或教师建议选定所要探究的主题。对于这些主题，学生可以通过小组讨论或班级讨论形成小组主题或全班性主题；在聚焦主题的过程中，教师要合理估计学生自主素养的现实状况和发展前景、问题探究所需要的客观资源等，并以学科视角进行适当的干预，以使最终确定的研究主题具有专业性和可行性。

其次，教师组织学生进行问题分析。一旦确定了探究对象，教师就要积极地组织学生运用已有知识（包括事实性知识、概念性知识和程序性知识）对主题进行细化和分析，从中找到有价值的学科问题及可能的研究方法。在某些情况下，教师还可以根据探究主题的范围/难度等，为学生补充必要的知识、技能和资源，以使其分析过程更有质量。当然，在学生进行问题分析的过程中，教师必须积极地提醒他们运用已有和新学的知识技能，使其深入地进行概念转变，系统地内化课程内容，并从中有效地增强自我效能。

---

❶ 朱铁成. 物理教学发现问题情境的创设 [J]. 课程·教材·教法，2005 (9)：66-69.
❷ 注：在学生进行问题设计、问题解答和问题发现的组织中，教师需考虑积极课堂环境的创设：第一，创造良好的班级氛围，让学生敢于在课堂中发表自己的见解、看法；第二，创造良好的活动程序，让学生有机会发表自己的问题；第三，创造良好的组织来帮助学生解决问题（包括小组研究、教师对学生的个别解答，甚至全班统一的讲解）。

最后，教师组织学生形成研究方案。在此阶段，教师积极地组织学生将他们已有的问题解决思路条理化，形成系统的问题解决活动程序，主要内容包括根据期望结果来准备和组织资源与人员，准备好活动的任务分工、资源分配和行动要求，甚至有条件地增强问题解决技能水平。在这个过程中，教师要帮助学生认清实际问题解决过程及其结果的复杂性，提醒他们全面地思考问题情境和解决方案，做到未雨绸缪。如此，教师才能帮助学生认识到方案设计的重要意义。

（二）积极组织认知问题的解答

在真实问题解决活动过程中，学生可能遇到多种多样的问题，且无法及时得到教师的支持。为使全体学生都能及时地解决问题，教师需适时地组织学习小组的讨论，并不断地进行班级巡视和个别指导。

第一，教师组织学生开展小组讨论。在学习小组中，每个学生都可能遇到不同的认知问题（即使是情绪、行为问题，必须转化为认知问题，才能更好地得到他人的回应或帮助），对小组讨论也有不同的感受。为使他们全都参与讨论并解决各自的问题，教师需要认真设计团体活动的规则，创造良好的讨论氛围和空间，保证学生的"安全感、真实参与性、挑战性和主导权"[1]。在组织讨论和巡视过程中，教师要积极引导学生围绕课程内容利用自身资源（如信息、方法和工具）进行交流，并提供恰当的自主性支持（如提供解释、依赖于非控制性语言[2]），让他们能够进行充分、有效和融洽的小组学习（尤其消除个别、琐碎问题），以利于其核心概念的转变和课程内容的内化。

第二，教师组织学生进行问题聚焦。在完成小组讨论后，小组成员仍可能（潜在地）有问题未被解决，需要教师带领他们进行问题聚焦与化解。为此，教师要积极组织学生互相聆听、理解和对话，亦可"提出多种问题来帮助学生注意他者的观点，诸如问询学生是否理解、同意刚刚共享

---

[1] 黑尔，斯蒂著，刘雅，译. 学生为中心的课堂讨论 [M]. 北京：中国轻工业出版社，2009：21.

[2] Reeve J.. Why Teachers Adopt a Controlling Motivating Style Toward Students and How They Can Become More Autonomy Supportive [J]. Educational Psychologist, 2009 44 (3): 159-175.

的其他学生的方法，或者使用了类似的方法。……更为重要的是，教师如何继续让学生澄清其思考"❶。此外，教师要引导学生从知识（如元认知、程序性或概念性）和认知或技能（如创造、评价或分析）这两个维度进行有效的问题内容聚焦。

第三，教师组织学生解决共同难题。一旦小组或班级形成共同的问题，教师需要努力组织学生进行组间或全班的问题解决，或提供思路与方法指导（甚至可能的问题解决方案/答案），以供他们进一步参考、学习和讨论。之后，教师要引导学生梳理并整合讨论结果：对于求同存异类的问题，学生们需要对答案进行聚焦，找到共同点；对于求异存同类的问题，学生们需要对答案进行梳理，形成多样的意见。即使教师直接提出"答案"，学生也需认真地讨论和梳理，使其嵌入个性化的认知结构。否则，就成了"教师替代学生学习"。

(三) 积极组织课堂问题的发现

在课堂情境中，每个学生都可能遇到多种多样的问题，而不可能得到教师的及时发现和有效处理（甚至关注）。因此，在教学活动结束时或结束后，教师应当积极地组织学生讲出或解决未曾解决的困惑，以增强未来解决的机会。

其一，教师组织学生确定问题维度。问题发现过程分为现状搜寻与表征、目标探索、提出问题、评价和修正问题等四个阶段。❷ 但是，由于经验、能力和知识等因素的影响，学生（尤其中低年级学生）可能无法逐次通过每个阶段，因而不太容易发现有质量的问题。为了帮助学生准确地提出问题，教师可以（组织他们先行）提出问题维度（如课程/学生/教师，知识/认知/情感，心理/行为/语言）和问题结构，供他们进行选择和借

---

❶ Webb N. M., Franke M. L., Ing M., Wong J., Fernandez C. H., Shin N., Turrou A. C.. Engaging with Others' Mathematical Ideas: Interrelationships among Student Participation, Teachers' Instructional Practices, and Learning [J]. International Journal of Educational Research, 2014 63: 79-93.

❷ 陈丽君，郑雪. 问题发现过程认知阶段划分的探索性研究 [J]. 心理学探新，2011 31 (4)：332-337.

鉴。借助这些维度或框架的支持,学生将更有可能找到发现和表达问题的方向。

其二,教师组织学生形成问题内容。在确定问题维度后,教师要让学生填补具体的知识、经验和技能等信息,或形成同质或异质小组进行头脑风暴以生成具体的问题内容。在此过程中,教师要以自主素养发展为标准,积极地通过对话等来暴露学生在知识结构、认知能力等方面的问题,使他们关注课程内化的过程和质量。一旦全班或小组出现争议较大或内容集中的问题,教师可用之作为教师回应(或学生讨论)的焦点或后续课堂设计的起点。这样,通过针对性的问题解决活动,教师更有可能促进学生的自主素养。

其三,教师组织学生评价问题质量。系统地看,学生问题发现之结果的好坏影响着教师设计后续问题情境的有效性,进而决定着学生自主素养发展的质量。为了增强学生的问题质量意识及其问题提出水平,在他们确定好问题内容之后,教师应积极引导他们结合已有经验和新学内容来主观地判断所提问题的质量(如具体性、可行性和可操作性),并根据问题解决结果进行客观性判断。在此过程中,教师可以向学生提供必要的评价样例,以增强他们的评价效率和反思能力。

三、"问题解决"对话的自主引领

根据其内涵可知,学生自主最近发展区的现实化需要教师和同学提供针对性和可理解的自主支持。为使该发展区最大程度地转变为素养,教师应积极、适时地回应学生关于问题情境和课程内容的理解问题,并组织他们进行互相提问与解答。

(一)主动回应情境理解的问题

不同领域的问题情境具有不同的内涵和理解方式;[1] 它既可以是含糊

---

[1] 张广斌. 情境与情境理解方式研究:多学科视角[J]. 山东师范大学学报(人文社会科学版), 2008 53(5): 50-55.

的、可疑的、矛盾的，也可是清楚的、有条理的、和谐的。❶为使学生自主、有效地分析和解决问题，教师必须帮助他们学会以学科视角理解问题情境的基本内容。

其一，教师回应学生对情境内容的理解。由于个人能力、生活环境和教育经历等因素的影响，学生可能无法完整地理解问题情境及其要素的具体含义，如对象的价值、工具的使用。因此，教师需要积极聆听学生对活动情境的具体理解，通过与他们进行对话来了解存在的问题；在了解其自主素养的当下水平和发展条件之后，教师要向他们补充必要的信息或解释，以促进他们对问题情境的学科性认知（在某种意义上，前文所提"问题设计的组织"可算作教师对学生情境理解的更大范围回应）。

其二，教师回应学生对情境问题的理解。问题提出或问题定义是问题解决的首要且最重要的一步，决定着学生是否顺利地解决问题，甚至最终结果究竟如何。现实地讲，在学校生活中，问题情境或其要素更可能是由教师进行设计的，内含着他对学科方法、学科知识、学科思维的理解。但是，受到各种因素（如经验、能力和期望）的影响，面对教师设计的问题情境，学生并不见得恰当地提出问题，甚至所提问题与教师预定问题存在较大的差距。此时，教师需要认真理解学生所提问题的信息，并根据预设学科问题帮助他们建立已有经验与当前情境的更好联系，使他们发现和解决具有更高价值的真实世界问题。

其三，教师回应学生对情境要求的理解。立足于学生的现状和发展，教师可能并非要求他们进行完整的问题解决过程，而是完成不同的局部性任务，如情境的分析、解决的步骤和检验的方法等；在集体问题解决活动中，学生还要理解个己职责与整体活动的关系，充分地进行任务分工与合作，以实现信息、资源和工具的有序流通。然而，课堂活动是复杂甚至混乱的；学生可能并不清楚应做的工作及要求。因此，教师要对学生的情境要求理解作出适当回应（包括课程内化的目标、概念转变的要求以及交流

---

❶ 约翰·杜威著，姜文闵，译. 我们怎样思维·经验与教育［M］. 北京：人民教育出版社，2005：88.

互动的方式),使他们能够准确且有序地参与课堂活动,以获得自主学习和发展的机会。

(二) 主动回应学生认知的问题

由于集体性的课程、教学和管理与个体性的需要、身体和经验等因素的影响,学生可能面临诸多课程理解尤其认知加工方面的问题。对此,教师需采取有效的措施为学生自主学习提供指导和支持。

首先,教师明确学生认知问题的内涵。"儿童是天生的发问家,因为他们必须要学着适应复杂多变的环境。但是,儿童会不会不断地发问,尤其是能不能提出好问题,这在很大程度上要看大人对他们问题作何反应"❶。作为恰当回应的基础,教师必须准确地理解学生问题的内涵。为此,教师要向学生提供充分表达的自由和时间,仔细聆听他们的思维过程(尤其表达停顿和跳跃之处),并与他们一起发现、澄清和讨论所遇的困惑,从而揭示出认知问题的本质或其解决的关键。

其次,教师分析学生认知问题的原因。教师需要凭借自身专业素养对学生的问题阐述(包括知识维度、认知维度甚至文法维度)进行分析,寻找其困惑发生的可能原因,如生活习惯、思维误区和技能不足。对于中低年级的学生而言,教师可能还需要对他们的问题提出技能方面存在的问题进行思考,进而提供相应的技能指导,如通过对话或模仿来教授学生如何对话,如何提出和回答问题,如何向求助者提供反馈;❷ 只有解决好这些基础性问题,学生才能提出清楚的问题,教师才能进行针对性的回应。

最后,教师提供学生认知问题的解答。根据不同学生自主素养的现状,教师要使用多种方式对他们的问题进行解答,❸ 包括示范(针对学生自我调节的困难,教师可以演示自己如何进行策略化思考、技能表现以

---

❶ 斯腾伯格,史渥林著,赵海燕,译. 思维教学:培养聪明的学习者 [M]. 北京:中国轻工业出版社,2001:71.

❷ King A.. Discourse Patterns for Mediating Peer Learning. //O'Donnell A. & King A. (Eds.). Cognitive Perspectives on Peer Learning [M]. Mahwah: Erlbaum, 1999: 87 – 116.; Palinscar A. & Herrenkohl L.. Designing Collaborative Contexts [J]. Theory into Practice, 2002 41 (1): 26 – 35.

❸ 齐默尔曼,邦纳,科瓦奇著,姚梅林,徐守森,译. 自我调节学习:实现自我效能的超越 [M]. 北京:中国轻工业出版社,2001:31 – 32.

及自我评价等）；任务与策略分析（教师可以提供具体支持来帮助学生分解其学习任务，或形成新的学习策略）；结果检查与策略改进（教师可以通过作业评分、提供建议等方式帮助学生从模仿转移到如何获得最佳结果）。在进行解答的过程中，教师还需关注学生自主最近发展区，甚至"以问代答"使他们产生更有意义的学科问题，或形成更为良好的认知结构。

（三）主动发现课堂活动的问题

由于结构的复杂性、环境的开放性、系统的非平衡性、不可逆行及不确定性等影响，课堂成为充满复杂性的动态系统。❶ 因此，在课堂活动中，教师要主动发现学生遇到的学习参与和课程理解问题，以便更好地引领课堂对话。

第一，教师发现学生参与的问题。理想情形是学生的参与不能限于课堂，限于问答，限于对教师的服从，❷ 而是应当作为数据来源、积极反应者、共同研究者以及研究者❸来促进课程内容的不断生成。然而，实际情况更多的是，并非所有学生都愿意深度地参与教学活动。为了保证全体学生自主素养的发展，教师必须认真且全面地观察学生的课堂表现，了解他们对课程内容和课堂活动的看法，找出影响其积极参与课堂活动的原因（如个己经验、能力基础和自我效能），进而采取必要措施确保和鼓励他们参与自主学习活动。

第二，教师发现学生交往的问题。在课堂活动中，全体学生可能形成不同结构的小组❹进行学习，因而需要不同性质的任务管理和人际交往的能力。学生在任务分工、班级纪律甚至语言表达方面出现问题，都将影响他们解决学科或交往问题的过程与质量，甚而影响课程掌握的结果或教学

---

❶ 陈学军. 复杂性思维：一种新的课堂教学组织观［J］. 当代教育科学，2004（3）：26 - 28.

❷ 曾琦. 学生课堂参与现状分析及教育对策——对学生主体参与观的思考［J］. 教育理论与实践，2003（8）：42 - 45.

❸ Fielding M.. Students as Radical Agents of Change［J］. Journal of Educational Change, 2001（2）：123 - 141.

❹ M. 希尔伯曼著，陆怡如，译. 积极学习：101 种有效教学策略［M］. 上海：华东师范大学出版社，2005：7 - 20.

活动的完成质量。为此，教师要全面地观察班级整体、学生小组和学生个体的课程学习、对话交往或问题解决实践，采取有效的变革尤其激励措施，让学生能尽己所能地参与活动，积极地进行任务合作和互助共享，从中获得最大程度的自主活动经验。

第三，教师发现学生理解的问题。在课堂活动中，学生发挥自主性解决各种各样的课程问题，才能促进自主素养的发展。然而，事情并非如此简单。在课程内容认知加工问题的背后，学生可能存在其他方面的问题，如问题解决技能不足、知识体系不完整和表达能力不强。因此，教师要按照问题解决过程和个人自主结构对学生自主表现进行分析和评价，发现他们可能存在的、更为基础的问题，并努力提供针对性的学习支持。这样，教师就为学生自主发展区的现实化奠定了更为坚实的基础。

总之，在自主间性理念中，设计、组织和回应学生的问题解决活动是教师自主的专业使命；教师只有积极地发挥自主素养，才能有效地解决学生自主素养发展这一重大问题。[1] 简言之，教师有问题，其专业才有内容，其自主才有价值。

---

[1] 注：通过设计角色的执行，学生有机会发展面向真实生活的自主能力；通过组织角色和回应角色的执行，学生会有更多机会去选择，从而提升其自我决定、自我调节和自我实现技能、认知、行为和情感的成熟性，从而生成良好的自主精神、技能和意志，即完美的自我。在这些专业表现中，教师对课程设计、课堂活动和学生理解等方面问题的发现并未直接促进学生自主学习，而是为了进行更好的专业发展和专业实践，以此进一步间接地或进一步促进学生自主素养的发展。

第三节　问题形态的课程

前已提及，问题情境的卷入和化解是学生自主素养发展的最佳途径；教师专业自主素养的最恰当表现（及发展）应以学生问题解决活动的设计、组织和指导等为重心。鉴于课程❶是教师和学生所必须共同面向的对象，课程内容如何转化为师生自主间性（尤其学生自主发展）所要面向的真实问题情境成为我们不得不关注的一个主题。为了理解和建立课程内容（理解）与学生自主素养的有意义联系，本文以问题解决为线索认定，人类真实问题解决作为课程文本的本源，学科性认知问题解决作为课程掌握的过程，问题结构理解作为课程学习的基础。

一、作为课程文本本源的真实问题解决

虽然"课程理解的首要对象是'事本身'而不是'物本身'，学生为了学习做事，才去认识'物'的"，但是，"学生要想找到改造事物的方法，必须知晓事物自身存在的道理，因为改造事物的方法就存在于这些道理之中"❷。事实上，"做事"与"明理"并非决然对立的。包含知识和认知两种维度并以文字形式来呈现的课程文本之本源就是人类问题解决实践活动。

（一）知识作为真实问题解决的结果

"实践作为人的存在方式，既会给人提出真值问题并形成真值知识，

---

❶ 注：当今教育理论界形成了众多的"课程"概念。本人坚持"大教育小教学小课程"观点：教育是在一定的社会背景下发生的促使个体的社会化和社会的个性化的实践活动；课程是指学校学生所应学习的学科总和及其进程与安排；教学是教师根据学生身心特点和社会要求（甚至其他群体要求），借助一定条件指导学生认识课程内容从而认识世界的过程。

❷ 杨道宇. 事物本身：课程理解的真正对象 [J]. 教育科学，2012 28（4）：21-25.

也会给人提出价值问题并形成价值知识"❶。在实践活动（包括生产、生活和交往领域）中，人类遇到各种各样的问题，需要设计多种工具加以解决。在此过程中，人们对实践对象及其变化进行观察和反映，形成多种体验（如感官的、道德的或审美的）并存留于身心；人们还将其对实践对象、技术工具和身心状态的认识进行系统化，借用语言文字来呈现这些实践活动的过程与结果。这些知识不仅用于记录当下的实践活动，也可作为评价未来活动的参照基础。

作为人类经验的精华，课程文本包含的"知识"是对真实问题解决（无论有意实践还是直觉顿悟）的简化。其中，事实性知识（如术语和细节）反映真实实践问题包含的基本要素；概念性知识（如分类、原理和理论）反映问题情境要素的关系；程序性知识（如技能、方法和准则）反映问题解决的思维过程和相关准则；元认知知识（包括策略、认知和自我）则反映主体对问题任务和自我的整体思量❷。由于简化性，课程文本有助于学生快速地认识和掌握学科的成就；但是，该属性也使学生容易忽视问题解决的真实背景及相关能力。

（二）认知作为真实问题解决的过程

一切生存活动都包括三个基本要素（问题、方法和效用），它们构成一个结构（问题＋方法＋效用），其含义是：任何事情都是不断地面对各种生存问题，寻找各种方法，以求最有效地解决问题，并在过程中考察方法的有效性。❸ 在问题解决过程中，人类不断尝试和检验所想到的处置方式，根据实践结果对其中步骤进行选择，加以抽象后形成规范性的认知过程，甚至反思以形成更高水平的元认知。因此，认知过程就是问题解决过程的压缩和精简。与之对应，人们虽然常用"动词"指代而非"动作"描述这些过程，但在向他人呈现或解释某种知识时，倾向于依照完整的活动

---

❶ 韩东屏. 实践：问题、知识、标准［J］. 天津社会科学，2012（6）：15－23，60.

❷ L. W. 安德森，D. R. 克拉斯沃尔，P. W. 艾雷辛著，皮连生，译. 学习、教学和评估的分类学：布卢姆教育目标分类学（修订版）［M］. 上海：华东师范大学出版社，2008.

❸ 邓曦泽. 问题研究与文本研究——基于知识生产视角的学术方法论探讨［J］. 中国人民大学学报，2013（5）：144－150.

形态来进行。

作为人类思维的精华，课程文本中的"认知"便是真实解决问题的过程及其简化。其中，记住是从记忆中提取相关的知识（包括识别和回忆）；理解是通过多种形式把握信息的意义（包括解释、举例、分类、总结、推断、比较和说明）；应用是在给定情境中执行或使用程序（包括执行和实施）；分析是将材料分解为部分，确定部分之间或部分与总体的相互关系（包括区别、组织和归因）；评价是基于准则和标准作出判断（包括检查和评论）；创造是将要素组成内在一致的整体或重组为新的模型（包括产生、计划和生成）。❶ 虽然认知离不开具体事物的知识，但它为学生探索事物提供了思维工具，让他们有勇气走进广阔的周围世界和生命空间。

（三）语言作为真实问题解决的工具

在人类的历史进程中，语言发挥着越来越重要的作用。从起源上讲，语言（包括文字）本身便是人类解决人际或代际交流问题的产物；❷ 从功能上讲，语言能够记录人类问题解决的过程和结果。源于真实问题解决的"知识"和"认知"通过语言这个工具而不断地流传或传播。但也正因为这一工具，问题解决的原初形态被转变为线性化和简化的信息记录，丧失了原始状态所具有的丰富内涵。甚至独立后的语言以特定方式影响人类的思维方式（如语言表达强迫人们以特定方式组织信息；语义表征的差异可能影响到概念表征，❸ 甚至影响"认知问题"的结构），进而影响问题提出的视角、问题分析路径和问题化解的水平。

按自主间性理念，课程内容应是对真实问题解决的过程及结果的记录。❹ 通过阅读这些内容，学生和教师可以了解人类问题解决的过程和结果，

---

❶ L. W. 安德森，D. R. 克拉斯沃尔，P. W. 艾雷辛著，皮连生，译. 学习、教学和评估的分类学布卢姆教育目标分类学（修订版）[M]. 上海：华东师范大学出版社，2008.

❷ 保罗·瓦兹拉维克，珍妮特·比温·贝勒斯，唐·杰克逊著，王继堃，译. 人类沟通的语用学 [M]. 上海：华东师范大学出版社，2016.

❸ 刘丽虹，张积家. 语言如何影响人们的思维 [J]. 自然辩证法通讯，2009 31（5）：22-27.

❹ 注：在实际情形中，课程内容不仅描述问题解决的过程，更多地陈述问题解决的结果；由于"主体"的消失，情感和交往无处寻找。为了学生自主素养的完整培育，教师需要通过某些方式（如阅读原著、观察现实）对这些内容进行情境性的复原。

熟知学科问题发展的脉络,积累前沿问题解决的信息和思路。通过语言这一媒介,教师和学生、学生和学生能够交流真实问题解决、认知问题解决和人际问题解决的相关信息,为其共同理解课程提供了更多可能,从而增强他们的自主素养。因此,学生和教师必须掌握好语言文字这门工具。

二、作为课程掌握过程的认知问题解决

课程是学生学习内容的规定(包括文本信息和活动方案甚至问题解决形态),也是其自主素养发展的源泉。然而,为了最大限度地发展学生自主素养,无论以何种形态存在,课程都应不断更新且超越他们的现有自主素养,使他们不断地卷入认知问题情境。基于此,课程掌握就是认知问题解决的过程。

(一)课程内化作为认知问题解决的目标

自主教育的重要目标是,学生主动地理解和内化课程内容,使之与既有认知结构进行整合,以在将来更加高效地提出和解决问题。良好的认知结构具有多种作用,包括搜索与预测功能、建构与理解功能、推论与补充功能、整合与迁移功能、指导与策划功能。[1] 这些功能使学生能够表现出良好的个人自主素养(包括自我决定、自我调节和自我实现),充分地理解问题情境,合理地迁移知识技能,充分地制订活动方案,继而高效地监督方案实施,从而完成既有问题情境的顺利化解。

课程内容虽是学生将要学习并建构其认知结构的事物,但与其已有认识结构可能存在某种矛盾关系,如正确/错误、正面/反面、上位/下位或原有/空白等。一旦学生决定参与课程理解活动,就需要通过多种方式解决自身现状、课程文本及应然结果之间的这些矛盾。正是通过这些矛盾的呈现和化解,学生才能深刻地认识课程内容,并由此认清自己和世界。换言之,学习活动就是学生解决认知问题的过程,其目标是内化课程内容并优化认知结构。

---

[1] 毛景焕,李蓓春. 认知结构理论的教学设计原理初探[J]. 外国教育研究,2000(4):10–13.

(二) 疑惑不解作为认知问题解决的对象

在参与课程掌握的过程中，学生需要凭借自身的知识、认知、感受和习惯等来理解课程内容，以获得自身所期望的认知结果。然而，由于诸多因素（如语言表述的习惯性和课程对象的生疏性）的限制，学生可能无法直接地理解课程内容的某些细节或整体结构，因而出现"疑惑不解"。对于某些学生而言，他们能够通过调整其身心状态（如注意分布、认知结构和思维方式）来解决这些困难，实现其自主独立发展区的现实化。

但是，由于知识基础、理解能力甚至直觉能力等因素的限制，有些学生（甚至多数学生都可能）无法独立处置某些疑惑不解，因而不能完成既定的课程理解任务。这些不解之处虽然阻挡学生对课程的内化，却是帮助学生认识自己和世界的最佳场域，因而应作为其有意义的问题解决对象。此时，他们应当积极寻求他人的帮助，凭借后者提供的有效信息来解决这些问题，从而实现自主最近发展区的现实化。实质上，这种问题解决过程更加鲜明地体现着教学世界的意义："让学生带着未解而来，经过去蔽与解惑，强健身心，怀着确解（包含新的未解）而去"[1]。

(三) 概念转变作为认知问题解决的关键

为了内化课程内容并将其整合进自身的认知结构，（无论是否存在自主支持）学生在解惑过程中必须积极地进行自我调节，包括情绪调节、身体调节和认知调节。但是，教学活动（甚至真实世界的问题解决）是有时间限制的，是由目的引领的：自主素养的扩展与优化这一根本任务要求，教师必须将学生注意力集中于新鲜课程内容的理解及其与现有认知结构的整合（甚至抛弃旧有认知，重造认识系统），而不是"重复"运用或不断整理已有的知识与技能。关键性概念转变才是认知问题解决的关键。

概念转变大致有两种类型：一是"同化"，即直接接受新现象的解释而无其他变化；二是"顺应"，即为了理解新现象而进行核心概念的重构。其中，实现"顺应"这种转变需要满足四个基本条件：首先，学习者对现

---

[1] 熊川武. 论教学论基本问题 [J]. 华东师范大学学报（教育科学版），2010 28（1）：9-15.

有的概念存在不满；其次，新概念具有可理解性，可被学习者用来理解和探索某些经验；再次，新概念具有合理性，可被用来解决某些问题，并与学生的既有知识是一致的；最后，新概念能够被用来探索新的研究方向。[1]当然，概念转变也对学生提出了一定的要求：能够理清自己的知识和问题，在意识到错误后敢于接受新事物，敢于面对他人的批评和指导。

三、作为课程学习基础的问题结构理解

既然"问题解决"是课程内容的原初对象和课程理解的基本形式，语言文字又是人类问题解决的记录工具，那么，语言形态的"问题"就可以反映人类问题解决的过程，因而成为学生掌握课程内容的重要工具。下文依问题解决"本源"对语言形态"问题"的结构进行探讨（见图15）。

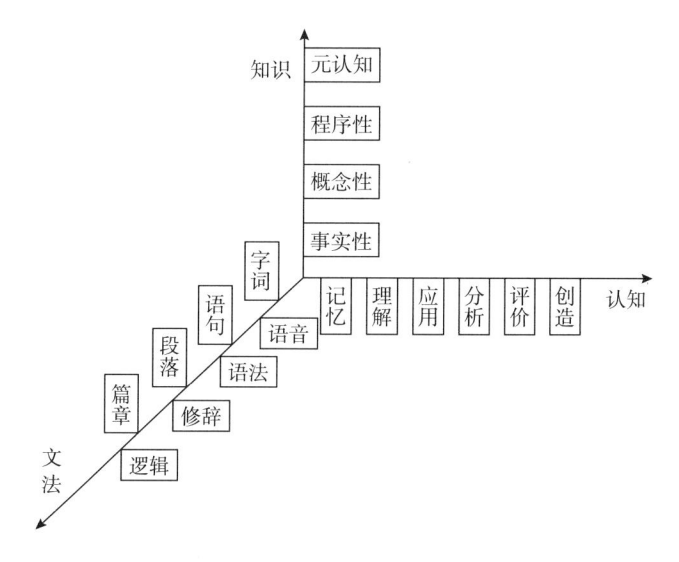

图15 问题理解的结构维度

（一）指向实践对象的知识维度

从结构上看，真实问题解决活动始终都有对象，其结果对应课程内容

---

[1] Posner G. J., Strike K. A., Hewson P. W., et al.. Accommodation of a Scientific Conception: Toward a Theory of Conceptual Change [J]. Science Education, 1982, 66 (2): 211–227.

的多种知识，包括事实性知识、概念性知识、程序性知识和元认知知识。当学生对这些课程内容或实践问题存在疑惑不解时，或当教师和同学检验他的理解情况时，他们所提问题必然要关涉实践对象，并采用不同的语言形态。具体而言，事实性知识的提问为"对象本身现在是什么样"；概念性知识的提问为"对象为什么成为现在这样"；程序性知识的提问为"对象如何变成期望的那样"；关于任务的元认知知识的提问是"对象应是什么样"。只有提问者向回应者提供明确的问题对象，后者才能反馈以恰当的"知识"。

"问题包含知识维度"意味着，作为回答者，学生或教师需要根据问题形态指向实践对象的不同方面，围绕具体对象选择、提炼和组织课程文本、个人经验或他人言说，并采用特定的呈现方式来进行回应。例如，就"是什么"的问题，个体可以用概念图的方式进行回应；就"为什么"的问题，个体可以采用模型图的方式进行回答；就"怎么办"的问题，个体可以采用流程图的方式进行回应。在阐述过程中，回答者还可配以姿态和表情，以使提问者更加容易理解答案的内涵。可见，无论提问的有效性还是答案的针对性，都要求提问者和回答者对问题及其答案性质具有良好的定位。

面对不断复杂的社会，课程需要在深度、意义层次、可能性或解释方面愈加丰富；"为了促使学生和教师产生转变和被转变，课程应具有'适量'的不确定性、异常性、无效性、模糊性、不平衡性、耗散性与生动的经验"[1]。面对这种情形，学生将会遇到更多需要解决的问题，因而使提问和回答成为学习过程的重要组成。为此，学生要积极地积累关于问题形态和类别的知识，对课程知识进行（包括心理的和外化的）归类和组织，并借此形成自主素养所要求的丰富性（rich）、严密性（rigorous）、回归性（recursive）和关联性（relational）的知识结构。

（二）指向思维过程的认知维度

从结构上看，真实问题解决包含主体与对象的作用过程，其对应课程

---

[1] 多尔著，王红宇，译. 后现代课程观（2版）[M]. 北京：教育科学出版社，2015：181.

内容的多种理解方式,包括记忆、理解、应用、分析、评价和创造等。当学生对课程内容存在困惑,或教师检验学生的理解程度时,他们所提问题必然反映或针对学生的认知层次,根据思维要求表现特定的语言形态。抛开具体认知动作不论,单从问题结构上看,"如何+认知动词+某种事物"指向他人的内部心理过程;而"认知动词+某种事物"则指向他人的思维结果。只有提问者向回应者提出明确的认知要求,后者才会提供准确的思维过程。

"问题具有认知维度"意味着,作为回应者,教师或学生需要根据问题形态选择性地调动思维程序,对课程内容进行针对性的理解,并根据(他人、文本或自己的)语言规则或习惯进行梳理,进而按着"认知动作"的内涵呈现其思维的结果。就"认知动词+某种事物"的问题而言,回应者合乎语言规则地将思维结果表达出来即可;就"如何+认知动词+某种事物"的问题而言,回应者不仅要将思维结果表达出来,还需要表明思维的框架或步骤等,以阐明主体与对象的相互作用方式。由上可见,为了保证提问和回答的对应性,提问者和回答者都要对问题的认知性质保持清楚的认识。

学生卷入教育的目的是实现自主素养的发展,并使之能够在各个领域进行有效的迁移。为此,他们需要参与多种多样的问题解决活动,并掌握丰富的认知和行为技能。在此过程中,提问与回答是学生活动必不可少的部分。因此,学生需要树立问题"认知维度"的规范意识,以增强问答行为的针对性和形成稳定且有效的认知技能,更需要对认知经验进行不断的反思,以形成自主素养所要求的策略体系(包括元认知策略、认知策略与资源管理策略)和价值观系统。

(三)指向回应程度的文法维度

从结构上看,真实问题解决活动包含主体之间、主客体之间不同程度的交互作用,其结果对应着课程内容的呈现形式,大致包括格式和法则,前者包括字词、语句、段落和篇章,后者包括修辞、逻辑、语法和语音等。当学生想要提升思维品质时,或当教师和同学想揭示学生的思维品质时,他们所提问题必然要包含文法要求,并据要求表现特定的语言形态。

具体而言，带有格式的提问是在"认知＋知识"前增加限定语（如"用一个词／一句话／一段话／一篇文章来"）；带有法则的提问则是添加修饰词（如"逻辑地""夸张地"）。只有提问者向回答者提出明确的表达要求，后者才会注意语言表达问题。

"问题具有文法维度"意味着，作为回应者，教师或学生需要在确定回答内容的基础上有效地选择表述方式，以可理解和可发展的方式进行回应。就格式方面，个体需要根据要求选择恰当的格式（如概念图／文章）来展现；就思维方面，个体需要凭借对词语性质和内涵的准确把握，选择更为有力的言语、表情和姿态等表达其想法。当然，回答者还应努力接近提问者的思维和表达方式，促进提问者对回答内容的理解和掌握程度，并增强人际交流的效果和进一步交流的可能。可见，为了保证问答的可理解性，提问者和回答者都要对提问和回答的表述要求具有清楚的理解。

在某种意义上，学生们对课程内容理解的过程和结果是不同的。在交流过程中，教学人员都需要用恰当的语言方式与对方进行问答和对话。学生对回应要求的理解水平不仅影响到他与教师或同学的交流质量，而且影响到他对课程文本阅读方式的选择（如基础阅读、检视阅读和分析阅读）❶、阅读内容的选择（叙述逻辑、修辞美感）及其阅读质量；反过来讲，学生的语句表达和篇章布局能力也都影响着他的阅读实践，❷进而影响他与人交流的水平。因此，师生都需要使语言掌握达到熟练化，形成自主间性实践所必要的人际理解与交往能力。

总之，任何语言形态的问题（包括知识、认知和语言维度）都对应着一定的人类问题解决活动和课程内容理解活动。由于知识、认知和语言等维度存在不同的类别或水平，问题也具有并表现不同的性质或水平，其回

---

❶ 艾德勒，范多伦著．郝明义，朱衣，译．如何阅读一本书［M］．北京：商务印书馆，2004：18－21．

❷ 注：由于文字的特性，在阅读过程中，儿童可能遇到各种句法问题（其中汉语阅读障碍可能与视觉、听觉加工水平有关；汉语发展性阅读障碍则包括语音障碍、命名速度障碍、词汇加工障碍，等等）．参见：达斯著，张厚粲，等，译．阅读障碍与阅读困难——给教师的解释［M］．北京：人民邮电出版社，2007：156．

答亦需"针锋相对"。现实地讲,各个学生所能面对的问题情境和问题内容是不同的,在学习过程会遇到并需要解决不同层次的问题;相应地,教师应通过恰当的语言表达给予他们不同且适当的关注,以促进其自主发展区能够有效地现实化。

第四节　团体自主的规则

"正如文明的建立是以一定的稳定性和秩序性为基础，为保证所有学生的学习，课堂也必须有一定的秩序"❶。在参与真实问题解决活动的过程中，学生将会遇到各种各样的问题；教师单凭一己之力难以向他们提供及时且恰当的自主支持。为此，教师需要尽可能调动全体学生进行互惠性的自主支持。这就意味着，教师和学生需要建立良好的班级组织规范，形成良好的对象性实践规范，建设良好的合作交流规范。正是通过团体合作来解决真实问题，师生自主间性（含个人自主）素养的情感和行为维度将会获得很好的表现和发展可能。

一、班级组织规则

课堂学习发生的首要条件是全部学生主动参与或被动卷入自主实践活动之中，并积极地通过思考和交往来解决心理困惑。为此，教师和学生要积极地协商，制定和理解有效的课堂纪律常规，并建立和形成良好的团体契约意识。

（一）课堂纪律常规

在课堂情境中，学生和教师是集体意义上的存在。他们与课程内容、资源条件和学校时空等要素持续地相互影响，形成动态的集体性网络结构。在该活动系统中，学生被嵌在课堂情境之网点上，其自主间性（含个人自主）素养的表现和发展都要通过有序参与集体性活动（包括小组活动和全班活动）来完成，其需要或动机的满足也需要整个系统的支持；尤其在合作性任务中，活动整体更是通过教师和全部学生的集体性努力才能不

---

❶ 罗杰斯，福雷伯格著，伍新春，管琳，贾容芳，译. 自由学习 [M]. 北京：北京师范大学出版社，2006：217-218.

断地向前发展。但是，这种稳定的活动结构并非先天或自然形成的，而是需要良好的课堂纪律作为保障。

从性质的角度看，班级规则的结构由谨慎性规则、制度性规则、道德规则和契约性规则等组成。❶ 在自主课堂中，为了保证学生能够安全地参与课堂生活，教师和学生首先应当提出关于学生安全和健康方面的谨慎性规则；为使学生参与问题解决活动，教学人员应当根据个人自主和自主间性理念来提出和建立班级组织的制度性规则和道德伦理规则，以鼓励全体学生积极卷入到学习活动中，并对阻碍或破坏学习秩序的行为进行规限或惩罚。这样，在纪律精神的常规偏好与节制欲望两个要素的约束下，儿童才有健康发展的可能。❷

（二）学生小组契约

在自主课堂中，学生要积极且协同地参与问题解决活动，才能实现多方面自主素养的发展；因此，学生小组成为课堂学习组织的重要形式。为了实现共同的活动目标，小组成员不仅要接受教师有目的、有意识的影响，更要激发自身团结的自觉性。❸ 其中的重要内容是，学生成员要建立小组契约。它"意味着某种程度的一致意见，某种形式的允诺，由同意和允诺又产生某种义务和责任，产生某种自愿施加的约束"❹。这样，学生会更深地卷入奋斗目标和同伴关系的实现之中。

在契约建立过程中，教师要鼓励每个学生都尽己所能去参与，贡献自己的精神与才智，并塑造良好的团体约定，包括小组目标、小组形象（包括组名、组训和组标）和成员要求（如发展目标、行动规范）等方面的共识。其中，小组目标和成员要求的协调性是自主间性内涵的直接体现，因而显得尤为重要；教师务必（引导学生）多加注意。为了维持团体运转和促进课程理解，学生还需要学会使其表达内容具有可领会性、真实性、真

---

❶ 裘指挥，张丽. 班级规则的结构合理性研究 [J]. 教育评论，2006（3）：32-34.
❷ 刘德林. 学校纪律的性质及其确立 [J]. 教育科学研究，2009（2）：61-64.
❸ 钟启泉. 班级管理论 [M]. 上海：上海教育出版社，2001：60.
❹ 何怀宏. 契约伦理与社会正义：罗尔斯正义论中的历史与理性 [M]. 北京：中国人民大学出版社，1993：13.

诚性和正确性四个要求，以进行持续和有效的意见交流。❶

二、对象实践规则

在自主课堂中，问题解决活动多数要求集体自主与个体自主相结合。为了保证课堂情境中的这些实践活动得以有序且深入地开展，教师和学生需要建立清晰的任务分工规则和学科实践规范，并努力使之落实于行动。

（一）任务分工规则

一般而言，教师有意设计的问题解决活动通常并非学生个体所能完成，因而需要（教师和）学生进行必要的任务分工与协调，包括对象、角色和权利等。凭借恰当的任务分工和小组契约，学生会得到其所能完成的部分活动内容，因而更有可能卷入课堂教学活动；通过任务分解与组合，学生会认识到其所得任务对整体活动以及自我的价值，继而践行小组契约和班级纪律，并努力地相互交流和协调，以使小组（或班级）活动顺利且有序地进行下去。当然，这些结果需要教师和学生对问题解决活动进行恰当的分割，并使它们与学生的自主素养及发展要求相匹配。

内容分工包括小组分工和个体分工两个层级，前者具有三种形式：互补性合作活动（如不同小组合作完成同一任务）、平行性合作活动（如不同小组完成不同任务❷）、同质性合作活动（如不同小组完成同样任务）。在小组内部，各个学生还需根据现有能力、兴趣爱好和发展要求等行使特定的角色（如管理员、记录员或发言人等）和权力。无论采用何种形式的分配，首要原则都是每名学生都能最大限度地进行自主实践活动，最为充分地理解活动整体与自我世界的意义联系，以获得自主素养的最大化发展。

（二）学科实践规范

为了促进学生自主素养的提升，教师会把课程内容还原（或具体化）

---

❶ 哈贝马斯著，张博树，译. 交往与社会进化 [M]. 重庆：重庆出版社，1989：30.
❷ 拼图法教学 [EB/OL]. https：//www.jigsaw.org.

为真实问题解决活动并进行有效的简化，或者要求学生提出贴近生活的问题进行研究。但是，自主教育的要求并非简单地要求学生参与这些自主实践活动，而是通过完成这些任务实现对课程内容的深度理解及自主素养的深刻生成。其中的关键要求是，学生学会借助学科实践规范的不断引导和扶持，最终用专业的学科思维来审视和改变未来的实践对象。简言之，"教学回归生活后，应当用科学或人文规范来提升学生的经验，实现对生活的超越"❶。

大致地讲，学科实践规范包括行为规范和思维规范两方面的内容。由于面向对象和关注焦点的不同，不同科学都具有特定的实践规范。这些规范尤其反映在课程内容的过程与方法、方法论或思维等方面，如地理学科关注学生的形象思维、空间思维和逻辑思维，❷ 信息技术课程则关注学生的计算思维、设计思维和批判思维。❸ 实践规范并非只是方法/过程，而是内含大量的程序性知识、概念性知识和元认知知识的复杂体系；随着该领域的不断进步，实践规范也在持续地发生变化（这是容许学生发挥自主性生成课程内容的重要原因）。鉴于此，各学科教师务必深入、动态地了解本学科甚至教育教学领域的研究和实践规范，以便在课堂指导过程中进行灵活、快速的自我调节。

三、交流合作规则

在自主实践过程中，学生可能遇到诸多课程理解和人际交往问题。为使学生及时且有效地解决这些个己问题和团体问题，师生不仅要清楚地制定求助与合作的基本规则，也要熟练地掌握问答对话的基本规则。

（一）求助合作规则

在问题解决过程中，每个学生都可能遇到各种各样的课程理解问题，

---

❶ 徐学福，宋乃庆. 新课程教学案例引发的思考 [J]. 中国教育学刊，2007 (6)：43-45.

❷ 邵志豪，袁孝亭. 注重学科思维训练的地理教学研究 [J]. 东北师大学报（哲学社会科学版），2011 (3)：262-264.

❸ 祝智庭，李锋. 面向学科思维的信息技术课程设计：以高中信息技术课程为例 [J]. 电化教育研究，2015 (1)：83-88.

需要得到他人的及时帮助。更重要的是，通过对话交流，教学人员的多元文化背景会在其间传递，与个体经验融合或冲突后形成更为丰富的文化氛围，从而使问题解决表现出更强的创造性。倘若求助与合作行为不当，教学人员就可能无法解决问题甚至发生冲突，以致限制师生自主的发挥和发展。因此，无论从问题解决的过程还是从其结果来看，师生都要建立和掌握求助与合作的基本技能，以解决学生个体的问题和维系团体的真实合作。

对于求助行为而言，求助者需要决定是否、何时与如何求助，而回应者（教师或同学）应当决定是否、何时与如何帮助等；对于合作行为而言，学生需要决定小组何时与如何协商，协商什么、如何形成共识，以及何时和如何求助教师的指导等内容。为了避免学生成为回避—作弊型的求助者，使其成为实施的求助者甚至自主的求助者，[1] 教师或同学的帮助应当从直接帮助逐渐转变为间接帮助。[2] 具体来讲，回应者应从直接提供答案走向提出反问，从补充信息走向思路点拨，从具体细节走向抽象整体，等等。

（二）问答对话规则

交际行为的"中心概念是讨论与需要达成一致意见的情形相关的解释"[3]。在课堂活动中，学生的根本需要是实现对课程内容的深刻理解或问题任务的有效化解，而基础（直接的当下需要）则是及时地解决所遇知识、认知、情感和资源等方面的问题。面向自主双重发展区的现实化，这些问题解决的基本方式是学生先行独立思考，师生再组织互相提问与解答。为了保证提问的明确和回答的有效以及教学活动的高品质发生，具有不同经验和期望的教师和学生应当建立问答和对话的基本准则，并有意识

---

[1] Butler R.. Determinants of Help Seeking: Relations Between Perceived Reasons for Classroom Help - Avoidance and Help - Seeking Behaviors in an Experimental Context [J]. Journal of Educational Psychology, 1998 90 (4): 630 - 643.

[2] Gall S. A.. Necessary and Unnecessary Help - Seeking in Children [J]. The Journal of Genetic Psychology, 1987 148 (1): 53 - 62.

[3] 拉蒙·弗莱夏著，温建平，译. 分享语言：对话学习的理论与实践 [M]. 上海：华东师范大学出版社，2005：4.

地将之落实于课堂互动。

为了维持和深化对话的质量,问答双方都应掌握和遵循有效问答的基本规则。提问者要做到以下方面:设计提示课文内容的关键问题;问题的措辞必须清晰、明确;要有逻辑地、连续地提问题;问题要紧追反馈;要给充分的思考时间;鼓励提问,等等。❶ 回答者则应做到这几点:抓住问题核心;回答准确;回答符合学科要求和对方期望水平;回答要有逻辑性;鼓励对方继续问答等。为了增强学生课程理解的质量,师生还应当努力从更广阔的视野进行交流:反思初始断言和澄清或拓展这些断言;深层聆听和严肃对待他人观点;建基于对方的思考进行思考,等等。❷

现实地讲,在各种校外情境(包括企业、家庭、政治抑或日常生活)中,为了保证活动快速地启动且有序地进行,组织主导者(如经理、家长或官员)通常制定并提供团体活动的基本规则,并使接受该组织的全体人员都担负特定的职责。此种情况,实所难免;教育生活,亦不例外。我们需要谨记:教学人员实践自主间性的关键并非谁制定规则,而是规则是否面向未来和提供自主表达或发展的空间。当学生对某种规则存有异议并具备相应能力的时候,他们可以(或应当)与教师实践更深层次的自主间性以解决所遇到的问题,从而实现全体教学人员自主素养的进一步发展。

从自主间性的角度讲,教师和学生的个人自主是情境性的情、智、行综合体,其自主间性也是情境性的情、智、行综合体。前面所提的问题解决更多地关注了认知自主的发展,忽视了情感和行为维度。倘若师生能够通过自主协商达成这些活动规则共识,那么,不仅师生实践自主间性具备了良好的行动前提(学生自主活动具有安全、稳定的课堂环境,教师专业自主实践具有多元、可靠的情智动力),而且师生实践自主间性具备了良好的制度基础(学生自主双重发展区的现实化,教师个人自主素养的发挥)。

---

❶ Wilen W. W.. Effective Questions and Questioning: A Classroom Application. //Wilen W. W. (ed.). Questions, Questioning Techniques, and Effective Teaching [M]. Washington, DC: National Education Association, 1987: 11.

❷ Van der Veen C., Van Kruistum C. & Michaels S.. Productive Classroom Dialogue as an Activity of Shared Thinking and Communicating: A Commentary on Marsal [J]. Mind, Culture, and Activity, 2015 22 (4): 320-325.

第四章 师生自主间性的发展机制

前已界定，自主间性是指交互主体就个人自主达成共识，依之合理表现个己自主，支持各方自主协同性生成的融合状态，即交互各方在团体性活动中的协同自主状态；教学世界理想形态的自主间性具有特殊性，即师生要达成关于个人自主的存异性共识，通过协同自主发现和化解（课程内容对应的）真实问题情境，通过协同自主聚焦和化解关键性认知问题，以实现学生自主素养的最大化发展（甚至促进教师自主素养）。然而，（如其具有的程度性所示）自主间性理想形态并不是"想要"就能达成的，而是要求教师和学生遵循必要的教学原则（和机制）。尤其地，正如自主双重发展区的内涵所示，为了真实地实现自主素养的最大化，学生要通过先行的个己活动实现自主独立发展区的现实化（此时教师更多地表现观念形态的自主间性），而后获取他人的自主支持实现最近发展区的现实化（此时教师与学生表现行动形态的自主间性）。这就要求教师学会妥善处置自身自主素养的表现，并恰当地组织学生进行团体自主生活。简言之，师生自主间性实践的首要原则是"以学为本，先学后教"。

基于活动理论、问题解决理论、自我调节理论和自主间性理想形态以及最近发展区理念，本文尝试构建了师生自主间性的发展机制（见图16），下文将分主体性准备、对象性准备、生成性体验和拓展性修炼[1]四个部分，

---

[1] 注：从时间上讲，本章所示师生自主间性发展机制起始于班级建立，终于班级解散。其中，主体性准备贯穿整个学段，重在班级初建和学段开始阶段；对象性准备针对问题解决活动的主体和资料准备阶段；生成性体验较多地针对课堂情境的教学活动；拓展性修炼关注课外校外的自主发展实践。具体到现实的教育实践，教师可根据课堂任务和教学内容等恰当、均衡地选择部分环节，与学生进行重点实践与思考。

依"以学为本，先学后教"之原则对师生自主的应然"耦合"表现进行详细的阐述。

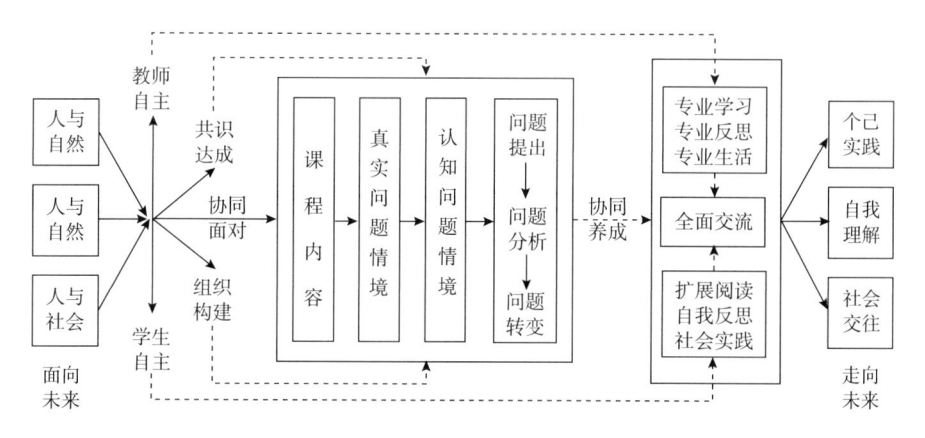

图16　师生自主间性的发展机制

第一节　主体性准备阶段

师生实践自主间性的根本目的是促进学生真实自主素养的最大化发展，其形式则是教师与学生协同参与课程理解，尤其对应的真实问题解决活动（内涵认知问题化解）。在课堂情境乃至学校情境中，一切要素和关系都应当围绕这一目标来组织和运行，并渗入教师和学生的共同活动。鉴于学生（和教师）在需要和动机、知识和认知以及身体和资源等方面存在诸多差异，且课程内容（及对应的真实问题解决活动）对学生和教师都具有一定的"未知性"，学生和教师必须提前建立存异性共识和团体性组织，以保证自主间性（包括内在耦合性和外在适应性）的顺利生成。当然，这些共识和组织并非总是要通过师生和生生的平等对话而产生，可能以"一方提出，他方认同"的方式而形成。关键的原则是，这些共识内容和组织形式能被师生"自主"地接受（认同性自我决定）和修正，能促进教师自主和学生自主的行动"耦合"，能与课程内容或问题情境积极地相互适应。

一、协商达成自主共识

自主间性的基本要义是个人自主相互耦合，以积极地面向实践对象。为了协同面对课程内容或问题情境以实现学生自主素养的发展，教师和学生首先应当积极地沟通与协商，就个人自主和自主间性的内涵与表现达成基本共识。

其一，师生需就个人自主达成共识。首先，教师自主和学生自主都属于个人自主的范畴。教师自主和学生自主具有相同的基本内涵或本体结构（自我决定、自我调节和自我实现）和实践结构（包括活动—需要、行动—目的和操作—条件）。其次，全体师生自主素养的发展程度是不同的。由于多方面的差异（如经验、天性和理想），各个学生和教师自主素养的现实水平有很大差异，因而课堂自主学习表现（包括横向水平和层级水平）和最佳发展目标（包括自主双重发展区和方向选择）可能存有较多的差异。再次，全体师生的自主实践活动对象并非完全同一。为了实现个性化发展目标（自主的内在意蕴），在课堂学习过程（即使面对相同内容）中，各个学生和教师的自主实践行动可能具有不同的具体对象，或表现不同的任务角色（甚至以此丰富班级生活或成果）。最后，师生要发挥自主性以完成课程掌握任务。全体学生自主素养充分发展需要教师和学生共同参与和完成，其过程（无论知识性教学还是问题化教学）要求教师和学生以特定的方式积极表达其自主素养。通过这些共识的达成，师生将实现对纯粹个人自主的"超越"，并形成个人自主的"存异性"要求。

其二，师生需就自主间性达成共识。除个人自主的异同以外，师生还需深刻地认识到自主间性对个人自主的"协同"要求。一，全体师生的自主活动并非必然是冲突的，在成分（自我决定、自我调节和自我实现）、层次（高阶和低阶）和条件（资源、角色和目的）上是可以互补的。二，教学任务（尤其团体性项目）的顺利完成要求师生合理地进行任务分工和交流合作，积极且有效地协调（释放或约束）其自主表现，以有序地参与课程理解活动。三，促进全体学生自主发展的教育伦理要求，教师和学生要努力互通有无，努力贡献自己的知识、技能和方法等，积极塑造团体自主的课堂氛围，帮助他方深刻地理解课程内容（尤其解决认知问题）。这样，教师和学生将会意识各方自主耦合的必要性，为实践团体问题解决活动提供思想准备。

其三，师生需就问题解决达成共识。第一，个人自主的意义存在于活动，尤其存在于真实问题解决活动之中；因此，师生自主间性的最佳表现是卷入真实问题情境，其发展则是借助问题解决行动。第二，所有课程内容都应当以真实问题解决活动的形式呈现，以为师生自主间性实践（尤其学生自主素养发展）提供最大的表现空间和支持条件。师生越能卓有成效地解决问题，其自主间性就越有活力。第三，师生应当个性化地卷入和化解问题情境。由于各方面的差异（包括现实条件和发展目标），面对同样任务时，不同学生将会产生不同性质或不同内容的学科或认知问题；因此，教师亦需选择恰当的方式（包括指导、示范和讲授，组织、设计和对话）帮助学生进行问题解决（但非替代学生进行问题解决，亦非变成知识性学习），以实现后者自主素养发展的充分个性化。一旦达成这些共识，师生将会更好地发展自主间性和个人自主。

就达成自主共识而言，作为专业人员的教师应当具有更多的发言权，以统一或协调全班的认识和行动。为此，教师要充分理解个人自主、自主间性的内涵及与问题解决的关系，在此基础上引导学生对日常的课程学习、社会生活及其自主表现与质量等进行批判性反思，从而理解"自主间性"的观念，并形成实践相关原则的信念。

二、协商构建学习小组

自主间性的发展要通过真实问题情境及其化解来进行，难免遇到各种"问题"的阻力。为此，教师和学生要积极地通过协商组建学习小组，以便充分且有效地调动、分享和运用本组（甚至其他小组）的全部资源。

其一，师生通过协商配置小组成员。在协商构建不同形式（如同质性和异质性）的学习小组时，教师和学生应当考虑多重要素，包括学生特质（如问题解决能力、交往能力、学业成绩、性格和性别）、课程性质（如深度、广度）和教师特质（如人际调节能力、班级管理能力）等，使学习小组能够进行充分的合作。在具体教学过程中，师生还要考虑教学任务的内容特征和全体学生的现实素养、发展要求，合理地调整小组成员甚至重建小组（包括人数、组合和分工），以保证全体学生都有参与课堂活动（尤其问题解决任务）与全面认识和发展个己自主素养的可能。

其二，师生通过协商塑造小组形象。在构建学习小组之后，教师和学生需要积极地想象和交流，促进后者自主地形成所在小组的组名、组训和组标等，以此增强小组成员的归属感和凝聚力。更为重要的是，教师和小组成员通过相互协商形成共享的团队目标，继而认识到团体与个人之间的互补关系，为他们进行合作学习创设必要的观念基础。[1] 因此，在建设小组形象之后，全体师生更有可能积极地卷入课堂活动，竭尽所能地互相支持以完成课程理解任务，同时营造良好的课堂学习氛围。

其三，师生通过协商安排成员角色。在小组形成后，成员应按照自愿与自主的原则毛遂自荐，负责小组某方面的工作。然后，教师和学生需要根据后者的能力水平、兴趣爱好和身心条件等进行讨论，确定小组角色的分配（如管理者、记录者和发言者），就各自的职责达成一致意见，以促进课程理解活动的有序进行。在具体教学中，课程内容不断更新（相应问题解决活动的内容和要求不断地变化），学生自主素养也持续地发生变动；因此，教师和学生还要根据后者自主素养发展的个性化和最大化要求，适时调整或指定小组成员所担的工作职责。当然，这些分工与职责必须围绕小组问题解决来组织。

在构建学习小组的过程中，更深地关涉其中的学生应当具有更多发言权，以感受自己的力量和价值，增强参与课堂活动的动机。教师的自主间性则以"先学后教"的方式表现出来：教师要具有自主双重发展区的观念，容许并鼓励学生进行自主协商和角色分工，而后根据他们的自主素养发展要求进行必要的调节和支持。

---

[1] 约翰逊著，刘春红，孙海法，译. 合作性学习的原理与技巧：在教与学中组建有效的团队 [M]. 北京：机械工业出版社，2002：20.

三、协商形成课堂规则

为了保证课堂情境自主间性的有序生成，师生应当就班级纪律、小组权利和交流规范等达成必要的共识。教师和学生要注意使课堂纪律走向教学秩序，[1] 使其有更多时空进行课程教学，以促进学生自主素养发展的最大化。

其一，师生协商制定必要的课堂制度。在班级或小组形成之初，由于主观和客观因素的影响，学生可能表现出各种影响课堂教学活动的行为。[2] 为了保证全体人员都能安全、有序地进行课堂教学活动，教师和学生要讨论形成哪些必要的课堂纪律（包括奖惩规则）。"真正有效的纪律是自我控制，它产生于学生的内心，建立在学生尊严和对学生尊重的基础上"[3]。因此，教师应当鼓励并组织学生自主地协商和制定课堂纪律的基本内容；对于学校的强制性合理规定，教师和学生则要联系课堂实际认识其存在的意义和依据（而非教师一说了之甚至凭空要求），以促进后者对执行规范的认同和支持。这意味着，规章制度是师生自主间性的结晶，源于主体又制约主体。

其二，师生协商创设良好的互助规范。为保证学生的课程理解问题得到及时化解，教师和学生要协商形成求助和回应的机制，其类型包括组内互助和组间互助（以及师生互助），其内容包括求助和回应的时间、内容和方式等。甚至，教师可以把相关规范直接纳入到教学方案之中，为师生、生生互动提供制度性保障。为保证学生认同并积极地贯彻这些规范，教师应当鼓励他们自主地交流，容许他们提出不同的意见和见解，求同存异形成共识，明确各自的权责界限和行使条件，并在随后教学实践中不断地修正或完善。

其三，师生协商设定有效的对话规范。"为了发现一个人需要什么以

---

[1] 王丽琴，鲍森. 从"课堂纪律"走向"教学秩序"[J]. 中小学管理，2005（1）：22-23.
[2] 王桂平，史晓燕，郭瑞芳，等. 国外关于课堂纪律问题的研究述评[J]. 外国教育研究，2005（6）：77-80.
[3] 查尔斯著，李庆，译. 建立课堂纪律[M]. 北京：中国轻工业出版社，2003：137.

及他到底是什么，必须创造特殊的条件以促使这些需要和能力表现出来，并具有满足的可能"❶。在促进自主间性的课堂教学中，"问题"占据着中心地位。为了发现可能存在的问题，师生要学会仔细聆听、审慎理解或有效组织；针对存在的各种问题，师生则需要学会借助语言、身体和文字等工具进行恰当的回应。然而，提问与回应相辅相成。（兼具提问者和回应者两种角色的）教师和学生都需要积极地协商和掌握必要的提问和回答规范，并形成有效和顺畅的对话机制，以给予最佳答案或关注和理解。

在形成课堂规则的过程中，教师和学生都需要积极地参与其中，以感受个己对命运的把控，增强课堂活动的"主人翁"意识。同时，师生要通过参与规则制定过程来认识教学秩序对课堂活动和自主间性（包含教师自主和学生自主）生成的意义，通过达成教学活动规则的"共识"来理解个人自主的关系性和自主间性的必要性。

综上所述，为了促进自主间性的顺利进行，教师和学生要通过协商作好观念、组织和规范等方面的准备，初步体验和塑造师生自主的"耦合性"。通过这些协商行动，师生能够充分地认识自我—世界，形成参与课堂活动的积极性，为自主间性的发展提供精神动力。当然，（尤其在班级建设初期）师生自主间性生成的"共识"并非必定是集体协商的结果（可能包括学生的共创、认同或接受）。但是，在面向未来的意义上，在后续课堂活动中，师生需要根据课程内容要求、学生自主水平和师生关系质量等尝试直至学会对自主共识、学习小组和课堂规则等进行必要的调整，以为走向成人社会作好准备。

---

❶ 马斯洛著. 许金声，程朝翔，译. 动机与人格［M］. 北京：华夏出版社，1987：328.

第二节 对象性准备阶段

如前所述，师生自主间性的理想形态是以问题化课堂为生成环境。这就意味着，课程内容需要被嵌入或转变为真实的问题解决活动。为使课程内容成为自主间性实践的有效对象，教师和学生需要共同对学生自主素养和课程内容进行思量，协同发现真实实践活动的对象和相关资源，联合制定问题解决活动的任务、程序和要求。为了激发学生参与课堂活动的热情，作为专业人员的教师需要秉持"自主双重发展区"的原则，容许学生先行提出问题解决的任务，再与他们协商并形成共同的问题解决任务，以践行"以学为本，先学后教"这一根本原则。当然，这要求教师具有丰富、强大的（问题解决）教学设计能力（见第三章第二节"专业的教师自主"）。

一、联合理解教学设计依据

自主间性的起点和落脚点都是学生自主和教师自主，其过程则是以学科视角协同地卷入与化解真实问题和认知问题。为了更好地面向、走进和发展自主间性，教师和学生需要理解学生自主、课程内容和问题解决及其关系。

首先，师生要联合理解学生自主。具体而言，师生要思考以下几方面的内容：其一，教师和学生要通过多种途径（如行为、访谈和作业）的交流，详细了解后者个人自主素养的现状（包括认知、行为和情感维度，自我决定、自我调节和自我实现成分等），从而准确地判断其自主素养的水平。其二，教师和学生要就日常生活、教育经验或学校制度等进行交流，发现影响后者自主素养现状及其发展的具体要素（如家庭藏书、教师指导和纪律规则）及其影响路径，为改善自主素养寻找可能的突破点。其三，教师和学生要积极地估计或想象后者自主的双重发展区间甚至后者的人生理想（如职业、家庭和学业），为其自主行动提供精神动力。通过这些互动过程，师生将为实践自主间性奠定更具体、更扎实的主体性准备。

其次，师生要联合认识课程内容。大致地，教师和学生要从以下几个方面着手：一，师生要整体地认识课程文本（尤其课程标准内容）的内容与框架，包括细节性知识、概念性知识、程序性知识和元认知知识，认识到课程内容的结构性及其在人类经验中的地位。二，师生要通过多种途径（如生产、生活和学术）认识课程内容与真实问题解决实践的关系，以增强参与课堂问题解决和关注社会生活的动机。三，师生要从多种角度（包括心理学、认识论和语言学）理解"认知问题"的本质和类型（如结构良好/结构不良，真实问题/常规问题），以认识到认知问题的价值性并提高课堂交流的准确性。这样，通过形成课程理解之实质的认识，师生为自主间性实践提供了对象性基础。

在联合理解教学设计依据的过程中，作为专业人员的教师应当发挥更多自主性。他积极地运用专业知识和技能帮助学生认识其自主素养水平，帮助后者形成明确的方向或目标，以此激励学生参与课程学习或者问题解决活动。简单地讲，教师要最大可能地使学生自主发展和课程内容理解有相互联结的可能。

二、联合发现真实实践对象

师生自主间性实践（尤其学生自主发展）的根本途径是参与真实问题解决活动。为此，师生要在了解课程内容的基础上，寻找对应的、可能的现实问题解决活动（可为实物形态或语言形态），为自主间性实践提供良好的情境。

一方面，师生要联合确定真实问题来源。为了创设有意义的学生自主实践活动方案，教师和学生需要深入地理解课程内容（如知识结构、认知要求和学科思维等），通过多种途径（如阅读、求教和实践）寻找对应的多种真实实践活动主题（包括学术的、生活的或生产的）。例如，在学习市场经济时，师生可协商是否就"楼市"与"股市"的关系进行研究，将真实问题转化为学科问题，以此为不同学生卷入课堂学习提供更多、更为生动的切入点。在这一方面，无论谁提出真实问题主题，教师都必须发挥专业人员的作用，深入地理解所提问题主题与课程内容的关系，启发学生理解学科问题解决的方案设计、实施过程和探究结果之间的关系。

另一方面，师生要联合准备课堂活动材料。根据活动理论，除了主体和客体外，任何活动都包含工具这个重要因素。对于问题解决活动的教学而言，工具既包括认知问题呈现的工具（如呈现文本信息的各种教材），又包括真实问题解决的工具（如科学实验的仪器），甚至包括交流的工具（如计算机操作平台、微信）。教师和学生要积极地动手、动脑和动脚，到日常生活、学校生活和社会生活等世界中寻找材料，为便宜且充分地呈现问题情境，或最大限度地解决问题奠定良好的主客观基础。在这个过程中，教师要积极鼓励学生贡献其知识资源、技能资源和物质资源等，并通过这些行动激发学生卷入问题解决活动的可能。

"一个有效的活动或任务通常是让学生利用基本技能去理解基本观念，并且以学习目标为明确焦点"[1]。通过联合发现真实问题情境，教师和学生自主间性实践提供了实实在在的对象，或许会进入或处于某种程度的困惑状态，进而提出自我决定（即提出学科问题并据之形成活动方向）的诉求。

三、联合制订教学活动方案

鉴于个人自主发展的根本途径是真实问题解决，师生自主间性的实践形态亦是真实问题解决活动；所以，预设教学活动方案应当体现问题解决的基本程序，并体现师生自主间性的理想特征及课堂活动规则。

第一，教师和学生协商制定活动程序。从促进个人发展和社会发展的立场出发，学校应当"简化有益于发展性向的因素，并适当安排学习的先后顺序""将既有的社会习俗净化并理想化""创造比校外社会视野更开

---

[1] 汤姆利桑，阿兰著，杨清，译. 差异教学的学校领导管理[M]. 北京：中国轻工业出版社，2005：10.

阔，并且更和谐的环境"❶。首先，师生应当了解问题解决活动的程序（包括问题提出、问题分析或问题转变等环节及具体行动细节）与其相关的、必要的条件与要求。之后，教师和学生要参照课节内容要求和学生自主素养及其发展对整个活动程序的部分环节或条件进行凸显，从而形成学生自主实践与发展所面对的具体学科问题情境。这样，师生才使课程成为有效的活动对象。作为专业人员，教师可以参照多科学研究的有关成果，对真实问题解决与认知问题解决的基础、过程和影响等有所了解，依据问题类型把握解决过程的关键内容和关键特征，为设计可行的教学方案提供基础。这样，师生自主间性的实践才能有章可循。

第二，教师和学生协商进行任务分工。在设计好活动程序后，教师和学生需要通过协商来选择恰当的方式（如口头陈述和学案注明）向学生呈现要求，并将任务合理地分割并分配给学生。在这里，双向选择是关键。当任务被分化为各个部分后，学生或小组可以根据自己的情况提出选择意向。随着选择—被拒—再选择—认同，任务与学生的匹配逐渐形成，自我反思相随而行。当然，如果出现较大分歧，教师应当组织学生讨论并引导他们解决冲突。作为制度性的存在，课堂情境是具有诸多限制（包括时间、资源和空间等）的环境。教师应当向全体学生或学习小组就课堂活动各个方面（如时间、行为和心理）提出必要的要求，以此约束或鼓励他们参与问题解决活动。无论哪种形式，教师和学生一定要确保"人人有事做"：每个小组和每个学生都能分得任务，因而具有参与集体活动和个人活动的机会。在此阶段，教师和学生还要提前预设好完成分工任务后的结果处理活动——任务合作。

在联合制订教学方案的过程中，教师和学生触及到生活世界与学科世界的关系，意识到自主素养与现实生活的意义关联，因而可能增强自主发展和课堂参与的动机。实际上，联合制订教学方案就是教师和学生发挥自主，依循自主原则来设计协同自主实践活动（学科问题解决）的过程，其结果的实质是教师自主和学生自主"预期性"耦合，以作为自主间性后续生成的行动蓝本。

---

❶ 约翰·杜威著，薛绚，译. 民主与教育［M］. 南京：译林出版社，2014：21.

需要注意的是，在初期进行对象性准备的过程中，学生可能并没有自主活动的经验。因此，作为专业人员的教师可以先行提出规则或榜样，然后让学生进行必要的操作和感受，以使学生进入问题化学习的状态并获得初步的经验。但是，在之后的阶段中，教师要逐步做到"先学后教"，保证学生有最大的自主表现和发展空间。

第三节 体验性生成阶段

在教学方案实施过程中，随着问题解决环节（问题提出、问题分析和问题转变）的展开，学生和教师自主素养的基本成分（自我决定、自我调节和自我实现）递进性地表达且依次突显；学生和教师（主体）、课程内容尤其问题解决（对象）与语言、教具和学具（工具）等要素积极地相互作用，以此实现师生自主间性（尤其学生自主素养）的发展（见图17）。在此过程中，学生和教师要以"先学后教"为原则，恰当地进行多方面耦合（包括提问者角色/回应者角色，自主素养的组成成分，"自主间性"的观念/行动），使双方都能高水平地发挥自主性来化解问题，使学生自主素养获得最大限度的发展。

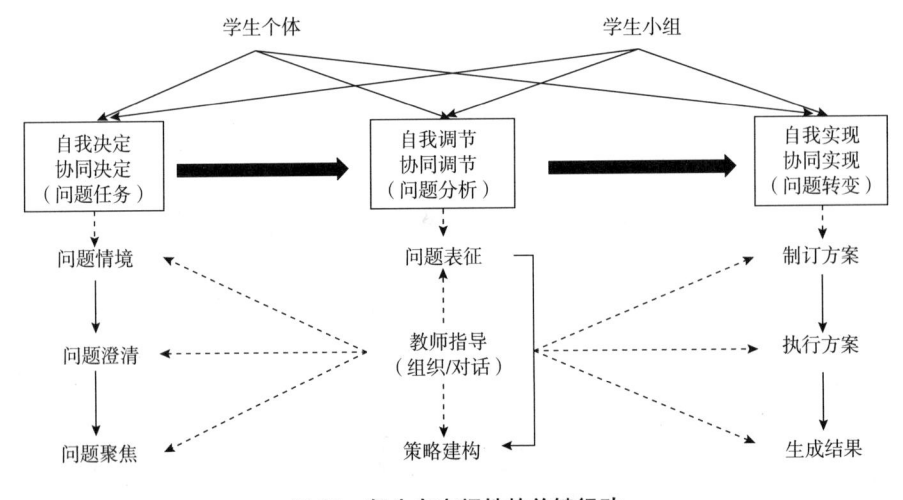

图17 师生自主间性的关键行动

一、协同决定核心问题以确定行动方向

在这一环节，学生和教师将协商决定要完成的共同任务尤其核心问题。教师和学生需要积极地协同调用或修正知识结构和认知经验（尤其问

题解决模型），鼓励学生尝试性地对问题情境进行分析，提出和解决问题，以便能够有效地找到核心问题（抓大放小）。通过这个过程，师生将对最初的、可能的活动方向进行选择和细化，明确最终行动的直接目的和具体路线。这样，学生和教师将使课程内容（或活动任务）和自我决定建立深刻的意义关联。

（一）困惑呈现阶段

在学校情境中，学生可能面对多种问题情境：教师可能要求或决定和学生共同探究感到困惑、有趣或感兴趣的事物；教师也可能根据课程内容创设相应的问题情境并要求学生积极地完成任务；教师还可能让学生自主设计方案探索某种事物/事件；（尤其在应试背景下）甚至教师可能让学生直接理解课程文本。在任何情境中，只要学生对当下的情境不满意，认为"只有转变当下情境才能满足自己的需要"，他便会产生心理困惑，如理想的情形应当如何，或者现实情境究竟什么样，或者如何达到理想的情境。一旦学生认为问题情境的转变能够满足其需要或动机，自己有能力完成这种转变，他便凭其意志去面向（包括创造、认同或接受）这些困惑或问题，并将问题情境的化解认定为需要完成的心理任务。这样，学生就进行了最基础的自我决定行动。

这些"困惑"虽没有明确的实践性对象，但却是学生进行积极关注的结果，是其自主素养获得发展的起点。毕竟，在"困惑"被感知后，学生才可能发现或形成有意义的问题。"困惑"固然是学生头脑对某种事物的"模糊"感知，却"模糊地"反映出活动情境当下状态与期望状态的客观差距，也能够通过一定的"模糊"语言来表达（如"我就是不满意现在的状况""我还是不知道要做什么""我不知道要怎么做""我不理解它是怎么回事"）。基于这些理由，为了培育学生的完全自主，教师需要通过多种表达方式帮助或提醒他们进入问题情境（如向学生提供假设情境，或要求学生打破常规生活，或直接将学生卷入现实问题），以激起他们的困惑状态。

困惑状态是一种极具个人品性的状态，最终只能由学生自己独立形成。无论由内产生还是由外诱导，教师都需要积极地表现出体现自主间性内涵和理念的自主行动：教师应当向学生提供充分的独立学习或独立思考的时空；在学生独立学习或思考的过程中，教师积极地进行巡视，通过观察学生的表情、动作来了解学生可能存在的困惑，甚至通过对话激发学生发现和表达困惑的机会，以帮助学生较早捕捉到困惑。在既定的独立思考时间过后，教师要组织和鼓励学生进行适当的讨论，充分暴露他们的各种心理困境，引导他们互相启发诱导和形成公共性困惑，以此形成群体"齐心合力"地解决问题的动力和氛围。因此，困惑呈现不仅是学生和教师进行问题解决的第一步，也是师生形成共同任务和塑造伙伴关系的重要基础。

（二）问题澄清阶段

"一个有效的活动或任务通常是让学生利用基本技能去理解基本观念，并且以学习目标为明确焦点"❶。这就意味着，在产生或发现困惑后，学生们要尽可能进行问题澄清，即用思维和语言捕获"困惑"所内含的实质性内容。在以某种维度（尤其学科视野）将这种困惑进行问题化（如"是什么""为什么"和"怎么办"）之后，他们将进入具有实在意义的"学科问题"情境，为发现真实问题情境的可能解决办法提供认知基础。相反，倘若学生无法用语言抓住这些困惑，那么，其自主素养发展的最终结果只能是所见内容的单纯记忆，无法预见解决问题的可能途径，因而失去面对类似问题或进行类似活动的勇气和智慧。可以说，问题澄清是学生自主素养真实发展的重要起点。

在问题澄清过程中，学生将用学科语言（或自然语言）表征各种活动要素（如主体、对象和条件），将它们代入学科问题结构中，以使困惑显性化和具体化，如具体实践对象究竟是什么，实践对象的目标状态究竟是什么样，实践对象的内在机制是什么，实践对象转变的具体方式是什么，以及转变过程需要哪些必要条件。这样，学生将发现真实问题解决的可能方向，因而开启最初的"解惑"行动。但是，"困惑"具有一定的模糊性，

---

❶ 汤姆利桑，阿兰著，杨清，译. 差异教学的学校领导管理[M]. 北京：中国轻工业出版社，2005：10.

其澄清工作可能因为学生的语言文字能力而无法顺利进行；此时，学生可能需要借助他人的自主支持，使这一环节的行动更为顺畅和更有质量。

无论出于个体自主素养发展还是小组形成合作任务的需要，学生都应当积极地抓住（如讲出、画出或写出）其困惑的实质或重心；这需要学生主动地澄清困惑，更需要教师提供澄清的必要时间。在学生进行自我澄清的前提下，教师可以组织多种合作形式（同伴、小组或全班）让学生相互帮助以澄清各方的困惑或看到"谁有困惑，谁没有困惑"，甚至直接消除个别学生的简单问题。在小组（或班级）全部成员都不能有效澄清问题的情况下，教师可进行必要的指点或呼应，如解决学生的字词和句法等问题，或提出预设的问题供学生再思考。这样，通过小组讨论，学生们将更有质量地、更有效率地形成更有价值的问题解决行动的可能方向，从中发现涉及课程内化和自主发展的核心问题。

（三）问题聚焦阶段

经过问题澄清阶段，学生个体或小组可能已经形成很多的具体问题。但是，这些问题并非都有较高的学科价值或操作可行性，或者对学生自主素养发展具有不同程度的重要性。因此，学生小组或班级需要对它们进行分析和评价，并选择某个（或某些）核心问题进行深入的研究。所谓核心问题具有这样的特征："既能广泛囊括内容，又能明确制定达成课程目的和目标所必需的思维操作程序。能表明课程认知操作的有效问题就是核心问题"[1]。核心问题的形成标志着师生自主间性找到了关键的面向对象，意味着他们发现了最重要、最有价值的行动方向。当然，这一过程对学生和教师的知识结构基础和课程内化准备都具有更为精细、更为系统的要求，因而鼓励师生自主间性的深层实践。

在现实教育情境中，由于兴趣爱好、认知习惯和课程性质等影响，每个学生都会表现一定水平的问题聚焦能力，但聚焦结果可能侧重问题解决或个人自主的某些环节或要素。例如，由于数学教学习惯的作用，很多学

---

[1] 丹东尼奥，拜森赫茨著，宋玲，译. 课堂提问的艺术：发展教师的有效提问技能［M］. 北京：中国轻工业出版社，2006：168.

生更加关注"怎么办"的问题（问题转变），而对"是什么"（问题提出）和"为什么"（问题分析）则不太关注。这些问题聚焦及问题解决的结果将对不同学生自主素养造成不同程度和范围的影响，甚至偏离发展学生自主素养的原初意图，或引起学习小组成员的冲突。因此，教师需要积极地巡视课堂，主动了解问题聚焦的情况，参照自主素养发展要求对学生进行适时、必要的引导和指导。

"只有以学生的回答为基础来组织核心问题和适当的加工性问题，才能够建构出有效的提问"[1]。因此，教师要给予学生充分的小组讨论空间和问题聚焦时间，鼓励他们积极地相互提问与回答，努力消除琐碎的问题并聚焦核心问题。在此段时间内，教师需要凭借专业素养根据学科课程内容的要求和学生自主素养发展的目标，判断学生问题聚焦之结果的价值性和可行性。倘若学生（小组）有能力形成核心问题，教师就应组织他们进行对话与协商，进一步地形成小组（或班级）的核心问题；倘若学生无法（或尚未）提出核心问题，教师就应主动引导他们构建和聚焦核心问题甚至直接给出核心问题，并通过对话使他们真理解它的内容。

综上所述，在协同决定核心问题以确定行动方向的过程中，教师与学生需要积极思考、言说和聆听，以此表现出良好的自主素养：通过相互交流，师生感受到问题提出及行动方向的多种可能，感受到团结互助的人际氛围，因而具有发展自我决定素养的机会；在观点的碰撞/融合（甚至放弃）过程中，学生和教师不断地调节自己的心理与行为，体验并建立自主学习的效能。通过课堂情境中的积极言说和互相帮助，学生和教师学会更加准确地揭示和分析问题处境，更为合理且更有信心地明确问题，从而更加准确地设定活动方向、策略方法和行动路线等。也正是在这些聆听/展演、提问/回答的行动过程中，师生进一步实现自主表现的耦合，实践和生成更为深刻的自主间性。

---

[1] 丹东尼奥，拜森赫茨著，宋玲，译. 课堂提问的艺术：发展教师的有效提问技能［M］. 北京：中国轻工业出版社，2006：53.

二、协同调节问题分析以建立行动路线

在问题分析阶段,学生和教师积极对话和协同行动,根据选定的方向分析问题情境现实状态和未来状态及其各因素的可能关系,找到问题解决的关键要素,进而有效地形成自主实践活动的行动路线。

(一)问题表征阶段

在问题聚焦之后,学生需要以学科思维来具体表征问题情境,使之成为可进行认知操作的信息系统。问题表征具有两种形式:外部表征是问题情境的成分和结构,包括物理符号、物体、维度,以及外部规则、约束条件或边界条件等;[1] 内部表征"是人们在解决问题时所使用的一种认知结构,是通过一系列算子对信息进行记录、储存和描述以致改进信息的结构方式"[2],包括了解问题的意义、属性特征、条件和条件的关系等。尤其地,通过主动的内部表征过程,学生才可能发现问题情境朝向期望状态改变的可能途径;因而,内部表征能够为后续的真实问题解决提供有效的认知操作平台,是(认知、学科或真实)问题情境能否解决的关键性因素。

在问题表征过程中,学生不断积极地启动认知结构,对实践活动的要素(包括主体、对象、工具以及规则)进行系统性描述。具体地讲,他们将不断地调整自身知识结构(含学科原理和日常经验)、认知方式(如辐合型或发散型)甚至情感、态度和价值观,更加详细地揭示构成核心问题的各种因素(包括前因性要素和结果性要素),厘清其间可能的或需要建立的因果关系,从而形成准确的问题定义或问题结构。这样,学生将有机会真正地发现问题情境及其要素的可变之处、未来行动的有效突破口及其对实践对象的可能影响结果,进而形成切实可行的问题情境化解方案。

在这一过程中,教师要容许学生以其自己的方式进行问题表征,从而

---

[1] Zhang J. . The Nature of External Representations in Problem Solving [J]. Cognitive Science, 1997 21 (2): 179–217.
[2] 廖伯琴,黄希庭. 大学生解决物理问题的表征层次的实验研究 [J]. 心理科学, 1997 20 (6): 494–498.

找到问题解决的个性化方法或暴露后者的认识错误（或误区）。在学生进行充分的独立问题表征阶段，教师需要积极地巡视、倾听和参与学生的讨论，及时了解他们问题表征的过程、结果和质量。在学生完成独立表征之后，教师可以直接解答（点明表征错误如信息遗漏、信息误解和隐喻干扰❶，示范讲解问题表征的整个过程，补充问题表征所需的知识、技能、资源等），进行问题重述或思路点拨，也可以组织学生小组成员相互提问和解答甚至发现或好或坏的化解方式等，以回应学生问题表征存在的问题，促进其自我调节的进程和质量。无论采取哪种回应方式，教师都要积极帮助学生从外部表征转向内部表征，❷以保证整个班级协同性地进入策略建构环节。

（二）策略建构阶段

在策略建构阶段，学生积极地根据问题表征结果提出问题解决的策略、路径和方法等，在头脑中合理地化解问题情境之现有条件和目的状态的矛盾。他们需要调动（包括套用）全部心理资源（包括新学并掌握的相关的知识和技能），在问题可被化解的关键之处运用可行策略来进行认知加工，并据之建构实在的行动步骤。策略建构的主要方式包括算法式和启发式（如手段—目的分析、逆向推理、试误法）等。❸一般而言，这些方式都应当被学生了解和掌握，但在面向未来或学生自主素养发展的意义上讲，从算法式过渡到启发式应当成为学生掌握策略的发展方向。

在这一阶段，学生运用掌握的学科方法、认知技能和知识结构等，尝试寻找问题目标状态和当下状态之间的联结与可转变之处（如主体的认知、工具的使用和对象的结构），探索这种问题情境转变的可能路径（如更改思路、更换工具和补充信息）和主体工作方法（如精读/略读/选读，观察/实验/访谈），并对它们进行因果关系判断和可行性分析，从而发现改造实践对象的（最佳）可能性。通过这些行动，学生将对原初的问题提

---

❶ 傅小兰，何海东. 问题表征过程的一项研究［J］. 心理学报，1995 27（2）：204－210.
❷ 邓铸，余嘉元. 问题解决中对问题的外部表征和内部表征［J］. 心理学动态，2001 9（3）：193－200.
❸ 罗伯逊著，张奇，译. 问题解决心理学［M］. 北京：中国轻工业出版社，2004：41－55.

出等进行更深且全面的评价，并使其融入行动路线，进而形成有效的自我调节素养。

策略建构是学生进行学科问题解决的关键步骤，其复杂性要求他们具有充分的独立思考时间。在学生进行独立认知加工时，教师要鼓励他们积极且大胆地提出想法，对之进行必要的反思性评价，形成完善、有效和多样化的行动路线，以为任务完成提供更多的可能；在之后的小组学习中，教师则要鼓励全体学生分享思路和成果，积极地聆听他人的看法和建议，并反思个己策略的有效性和完善性，还要根据学科要求启动（讲授、指点和提示）和回应（或选择、接受和修正）这些策略建构结果，保证他们形成有效且专业的行动路线。

在问题分析阶段，全体师生将启用大量的自我调节技能，以把问题解决的任务、步骤、操作和条件等概念化，也将通过课堂交流丰富自我调节技能（包括情境信息的表征、学习策略的具体化和新技术的掌握等），为问题化解方案的制订和执行提供坚实的基础；通过对问题情境要素及其关系的深入了解，师生有可能系统性地发现情境转变的可行路径；通过交流互助，师生不仅认识到问题化解的更多可能，而且增进了各方之间的情感支持和亲密关系。在此过程中，学生确定了自主实践活动的具体内容，教师落实了自我决定的学科教学方案；通过"先学后教"和积极对话，师生进一步耦合自主表现并实践深层次的自主间性，以为协同实现问题化解打下更为可靠的基础。

三、协同实现问题化解以形成行动体验

在问题转变阶段，教师和学生继续协同对话和采取行动，主动利用问题分析得出的有效信息形成真实问题解决的完整方案，积极地寻找和组织信息、人力和物质的资源执行方案，以外化和检验其自主间性的/个人自主的生成质量。

（一）方案制订阶段

在方案制订阶段，学生积极地根据既定任务目标将全部主观、客观因

素（包括策略建构的结果、可得的人/物条件以及自身的身心资源）进行系统性的组织（包括重组关系、增删内容尤其编排顺序），形成可进行实践操作的真实问题化解活动方案（包括任务目标、行动程序、人员组织甚至可能结果）。在行动方案中，学生和教师将与物质资源、信息资源等进入更为"紧密"的结合状态，建立非常可能"成真"的意义关联，并依据时间顺序进行具有"客观"可能性的展开。这样，学生和教师的未来行动将会更加有章可循，其自主间性的生成将受到更大的约束性保证。

对于活动方案而言，行动程序是核心内容。它是关于具体行动步骤（包括认知方面和行为方面）的顺序性、纲领性的描述。遵照这些操作程序安排，学生将运用工具与现实对象发生直接的相互作用，实现内在认知加工结果的外化和外在情境变化结果的内化；因而，行动程序是问题解决目标达成的关键性力量。为使活动方案具有更强的可行性，一方面，学生需要仔细地组织和设计行动程序的细节内容，甚至考虑多种行动方案以备处置实际行动过程中的可能意外；另一方面，学生需要加强（包括学习、训练和反思）自身认知技能和行为技能的准备，甚至提升自己的意志品质，以为真实问题解决提供精神保障。

为了充分发挥学生的自主性，教师应当向他们提供发挥能动性的充足时空，来建构特色性的活动（具有充足理由且符合专业规范即可）。在学生（小组）独立完成活动方案之后，教师要积极地组织和参与他们的讨论，理解本组（或各组）考量活动要素（如活动目标、课程内容和人际关系）的全面性，以及方案的可行性（包括行动顺序的合理性、人员组成的合理性和物质资源的可得性），选定并参照较好的活动方案对本组方案进行完善。在问题化课堂建立初期，教师可以向学生示范、解释、说明和分析问题解决方案的形成过程，并使他们掌握活动方案设计的基本要领。

（二）方案实施阶段

当学生认为方案具有可行性时，便可能积极地调动和调整认知和行为程序，执行方案预定的活动路线和身心操作，加工问题情境所涉及的知识性要素或物质性要素，使真实问题情境要素间的关系及其与周围环境的关系发生实质性变化，并使它们逐步走近目标状态。"在个体行为的自我调节中，意识作为个体的一种自我控制力量，其作用在于保持个体情感和行为的适当性，以免违反他在清醒和冷静时遵循的一切准则"❶。在方案实施过程中，真实问题情境的客观关系将会暴露出来，在某些方面影响着学生改造情境的结果和体验，甚至阻碍其行动方案的执行或证明方案存在不合理之处。因此，他们需要积极地关注行动结果与目标状态的匹配，及时对活动方案进行必要的调整。

方案实施是主观见之于客观的过程，既要求学生表现良好的心理自主，也要求他们表现良好的身体自主（身体意识和身体状态、身体行为与周围环境的双重统一❷；包括身体准备、身体表达和身体调节等因素）。就心理方面而言，学生需要积极、有序地调动思维技能、知识经验等对问题情境化解所涉及的关键要素进行认知加工，对真实情境各要素的变化进行积极地监控、评价并据之调整行动方式，使实践性对象逐步趋向于理想状态；就身体方面而言，学生需要积极地调动程序性知识，借助各种物质性工具使其思维加工或调整的结果外显为身体动作，并借之与活动情境发生直接的相互作用，从而使问题情境发生有效的变化。在学生进行外化的过程中，课程内容和操作技能等也将内化为他们的自主素养；学生和活动建立起有意义的关联。

方案实施是内化过程和外化过程的同一，是学生自主素养完整展现和系统发展的过程。为此，（尤其在真实问题情境中）教师需要给予学生（小组）充分的独立工作时间，在巡视班级（各组）活动进程时给予必要的指导。具体地讲，教师要有效地组织小组成员调动全部资源（包括物质的、信息的和心理的）和全部程序（包括任务的、规范的和认知的），或及时补充问题化解行动所需的资源，或对学生所提问题进行适时的回应，以实现问题情境的有效化解和学生自主体验的顺利生成。

（三）结果评价阶段

在方案实施过后，学生将获得真实问题解决的结果。为了检验自主素

---

❶ 凡清. 语言与个体行为的自我调节 [J]. 广东社会科学, 2004 (5): 78-82.
❷ 周英杰. 论学生身体自主 [J]. 基础教育, 2016 (6): 13-18.

养表现和发展的质量，学生要积极地观察这些客观结果，将之与预设目标比较并判断问题解决各过程的质量，进而根据问题解决与自主素养的对应关系判断后者的实际水平。在这个过程中，教师应组织学生进行自我评价和相互评价，并对各种问题进行恰当的指导和回应（如补充必要的信息、技能和方法，提醒必要的活动要求、方式和内容等），甚至提出对学生问题解决质量的看法，从而提高他们评价结果的意识、认知结构的质量和自我反思的能力。这样，学生将使认知结构条理化，更好地认识对象变化和恰当自主"耦合"对自我（发展）的意义，形成未来行动的自我效能，坚定个人自主与自主间性的理想和信念。

通过问题化解过程，教师和学生会直接地观察到自主活动产生的效果，不仅认识到他们与实践对象的意义关联，更将发现自身自主素养的表现和发展与课程内容的实质及其问题化之间的现实意义关联，从而提升自主素养发展的意愿或动力；正是在这个过程中，师生将之前所有阶段的努力（包括情感联系、行为规范和认知互助）现实化和系统化，以"活动形态"完整地展现着师生自主的表现和耦合，并借此实现个己自主素养的全面发展。

综上所述，在自主间性理念的引领下，教师和学生通过积极协商达成自主教育教学的"共识"（包括个人自主、学习组织和课堂规则），形成自主间性实践的对象性准备（包括理解教学设计依据，发现真实实践对象和制订教学活动方案）。在问题化课堂中，教师和学生在"问题解决"三阶段分别进行协同决定、协同调节和协同实现，在每个环节依循"以学为本，先学后教"原则实现认知自主、行为自主和情感自主的"耦合"，以此逐步推进后续行动环节的顺利进行，并促进师生自主间性体验的不断生成与发展。

第四节　拓展性修炼阶段

师生自主间性以发展学生自主素养（而非简单地提供自主体验）为旨归。这意味着，学生不仅要形成自主的意识和技能，而且要养成自主发展的习惯；教师则要不断地增强其专业自主的素养，更要将之不断落实于教学实践。然而，在课堂情境（甚至学校生活）中，教师自主和学生自主仅仅在某种问题情境中表现出来，并非是习惯性的行为表现。因此，师生还需要借助更多的情境性条件使自主（间性）体验变得深刻和系统（见图18）。

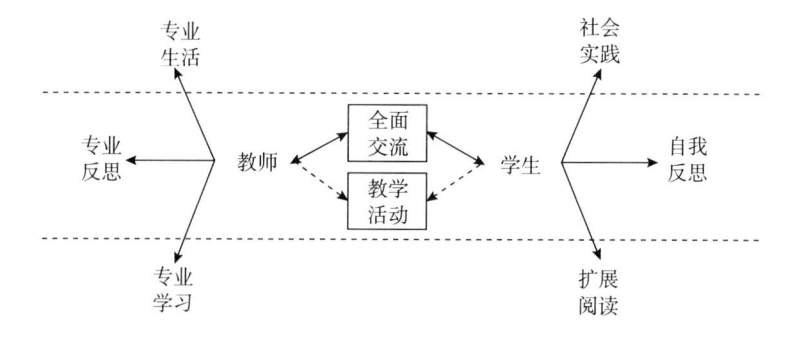

图18　教学人员自主间性的对应性拓展

一、教师引领学生自主素养的系统化

学习是知识建构，概念的转变和境脉的变化，更是分布在共同体中间，根据环境给养来调适感知。[1] 这就意味着，学生自主素养的形成不仅要有课堂体验，更要将之不断应用于真实情境。为此，在完成课堂情境活动后，教师要继续坚持自主间性理念，引导学生进行社会实践、扩展阅读

---

[1] 任友群，朱广艳. 有意义的学习源自问题解决——戴维·乔纳森教授访谈 [J]. 中国电化教育，2009（1）：6-10.

和自我反思,以促进其自主经验的熟练化和系统化。

(一) 教师引导学生参与社会实践

从个人生活来看,儿童不仅要过学校生活,也要过社会生活;两种生活经验互相影响他们在对方领域中的自主表现。为了检验课堂学习活动的质量和使所学的自主技能熟练化,教师要积极地引导学生参与各种社会实践。

教师鼓励学生将在校获得的问题解决技能应用到(当下或未来的)社会生活,不仅能帮助他们解决其原本遭遇的现实问题,也能检验其认知自主素养发展的质量。[1] 倘若学生能够使用所经历的课堂自主经验解决(部分)生活问题,就能够切身体会到自主学习的重要意义,因此更愿意参加后续的问题解决教学活动。在不断(成功)地将课堂所学自主技能应用于社会生活的过程中,他们将使在校获得的知识、技能和情感与已有经验、生活问题实现整合,在自我效能提升的过程中使自主体验逐渐转化为自主素养。

教师鼓励学生积极参与社会实践(如社会公益活动、科学探索活动、社会体验或职业体验活动)[2],将帮助他们在更大范围内积累职业、家庭和经济等方面的经验。这样,学生将可能获得参与或完成课堂问题解决、理解与内化课程内容的更多资源,或者完整地认识自己生活于其中的多样态世界,甚至产生和发现他们的更多人生信念、生活问题甚至人生疑惑。一旦学生带着这些信息资源、生活问题和人生理想参加课堂学习活动,那么,他们就有更多可能去表现和生成更强的自主素养。

(二) 教师引导学生参与扩展阅读

课程内容及其对应的问题解决具有很强的超越性,这意味着学生不能单凭有限的直接经验来完成掌握学习,也不能单凭课堂学习活动就能够有效地掌握之。为了促进学生自主体验的生成和自主品质的提升,教师要积

---

[1] 殷世东. 作为学习方式的社会实践:考量与开展 [J]. 中国教育学刊, 2011 (7): 29-32.
[2] 张治. 美国中小学如何开展社会实践 [J]. 思想理论教育, 2013 (7下): 20-23.

极地引导他们进行扩展性阅读。

从学习的角度讲，教师鼓励学生（及其家长）进行扩展性阅读，将帮助他们增加间接经验，进而更为深刻地理解课程内容。研究表明，家庭进行更多的阅读投入，会影响学生的阅读兴趣，进而提高后者的阅读成绩。❶通过扩展性阅读，学生能够调动更多的信息、技能和方法资源进行课堂问题解决，因而能使其自主素养（包括自我决定、自我调节和自我实现）得到更大的表现和发展。因此，教师应当结合他们的兴趣、能力和课程内容等推荐必要的书目，并在课堂教学中合理地加以利用，以提升学生课外阅读的动力，促进他们的价值观形成和概念掌握。❷

从成长的角度讲，教师鼓励学生进行扩展性阅读，将帮助他们接触到多样的人生、职业和生活，借此拓宽和完善个己的经验和观念，从中发现自己的兴趣、爱好和志向，进而更加精致地建立人生理想和明确自主发展方向。藉由读书（尤其优秀人物传记、世界探索故事），学生还能够涵养性情、成长人性和增强能力，体会到生命的充实与美好，从而增强抗压素质。这样，学生将会更加坚定意志，全身心地投入课堂情境、日常生活以及未来职业中的自主活动。

（三）教师引导学生进行自我反思

学生"要成为一个具有充分的自主性意识的人，他需要在最大的深度和广度上发展其认识能力，需要发展其批判地看待世界的能力，以及自我决策世事的能力"❸。因此，教师要不断地提醒和引导学生进行自我反思。

从课程学习的角度讲，无论问题情境的把握还是自主素养的迁移性运用，都要求学生具有强大的策略网络、知识网络和技能体系。因此，教师要鼓励学生积极地对课堂问题解决活动进行反思，形成具体的个性化认知结构。他们需要"意识到自己正控制着以下的过程：对学习的认识、设定

---

❶ 温红博，梁凯丽，刘先伟. 家庭环境对中学生阅读能力的影响：阅读投入、阅读兴趣的中介作用 [J]. 心理学报，2016 48（3）：248-257.
❷ 蔡铁权，陈丽华. 科学教育要重视科学阅读 [J]. 全球教育展望，2010（1）：73-78，91.
❸ 凯利著，吕敏霞，译. 课程理论与实践 [M]. 北京：中国轻工业出版社，2007：93.

学习的目标、参与各种活动"❶，并思考这些活动要素或环节之间的因果关系及其改造的质量。如果学生能借助个人自主的基本结构对这些思考结果进行条理化，那么，他将形成自主素养表达所需的行动策略。

从自主的面向对象看，学生还需要对个己生活和社会实践等进行反思，才能建构完整的自我形象。在某种意义上，通过个己与他人的互动（如对话、交往和团体实践）或人与物质的相互作用，人同自身的关系才成为对象化的和现实的关系；❷ 因此，教师要鼓励学生对个己生活和社会实践进行反思，帮助他们更为全面地理解自主和自我。倘若他们能够使自我反思的结果与课程理解的结果进行整合，就能形成更强的自我效能感和社会责任感，从而更为积极地面对社会和人生。

二、学生参与教师自主素养的深刻化

教师自主的专业表现是与学生共同设计问题情境，引导、组织和指导他们参与问题解决行动，并使问题解决活动与学生自主素养发展较好地契合。为了促使教师深刻地理解学生的自主素养并据之发展自身自主素养，学生需要坚持自主间性理念，尽其所能卷入教师的专业探究、专业学习和专业反思等活动。

（一）学生积极卷入教师的专业探究

面对诸多差异的学生个体和不断变化的课程内容，教师需要理解全部学生的身心特征和所教内容的具体特征，才能为他们设计相符合的问题解决活动。反过来讲，学生要积极地向教师表达课程理解和课堂学习的体验和期望，帮助他们更好地确定专业探究的主题，以更好地理解和服务学生。

就教学方面而言，在完成课堂活动甚至校内活动的基础上，学生要积极地向教师阐述他们的体验或问题（包括课程、学生和组织等方面），以

---

❶ 里德利著，沈湘秦，译.自主课堂：积极的课堂环境的作用[M].北京：中国轻工业出版社，2008：72.
❷ 马克思，恩格斯.马克思恩格斯全集（42卷）[M].北京：人民出版社，1979：99.

帮助教师及时地了解课堂教学问题，恰当地进行专业研究活动。作为专业的研究者，教师进行教学活动"问题解决"的过程大概如下：❶（1）识别问题；（2）识别可能的原因；（3）将之与主要的支点相匹配；（4）识别和运用可能的策略；（5）决定效果和下面的步骤。通过这种持续性的"问题解决"式研究，教师将能更加深刻地理解学生学习、教师教授和课程理解的本质及其关系，从而强有力地促进自身（以及学生）自主素养的发展。

就学科领域而言，"科学始于问题，始于各种实践的和理论的问题"❷。尤其在实践问题方面，学生要对日常生活保持敏感，积极地用学科思维看待其中的事物/事件，向教师报告可能的、有意义的探究主题。继而，教师要积极地表现其学科专业能力，遵循科学研究的基本范式积极地分析和解决这些问题，从而保持专业思维水准或提升专业自主素养。在进行这些探究活动的过程中，教师可能更深刻地提升对课程内容的理解质量，甚至发现问题化课堂的设计起点。

（二）学生积极卷入教师的专业学习

教与学的过程及其质量是相辅相成的："要让教师促进学生自我调节、形成内在的学习动机，要看教师是否也能自我约束，每天都充满了激情、创造性和积极性"❸。反过来讲，学生要积极地表述学习的过程和问题等，帮助教师更好地确定专业学习的范围。

已有研究表明，学生能否体验持续进步，一方面取决于教师是否获得可靠的理论认识，使其有能力依据学生需求改进自身的教学实践，另一方面取决于教师是否具备专业的、自主调节性的探究能力。❹ 就理论学习方面而言，学生要积极地向教师表达自己的学习体验，以帮助教师更为生动

---

❶ 黑尔，斯蒂著，刘雅，译. 学生为中心的课堂讨论［M］. 北京：中国轻工业出版社，2009：49-50.

❷ 波普尔，鲁旭东. 科学：问题、目的和任务［J］. 哲学译丛，1995（S1）：1-15.

❸ Stiller. 1991.//里德利，沃尔瑟著，沈湘秦，译. 自主课堂：积极的课堂环境的作用［M］. 北京：中国轻工业出版社，2008：132.

❹ 海伦·蒂姆勃雷. 促进教师专业学习与发展的十条原则［J］. 教育研究，2009（8）：55-62.

地理解或更有目标地获取研究结果。相应地，教师则要及时地了解学术界的专业话语和研究动态，拓展或改进自己的专业视野和专业技能，并促进专业话语与日常教学活动的交流和整合，为学生学习活动（设计）的改进奠定良好的认识论基础。

就探究素养方面而言，学生要积极地向教师表达其在课堂教学过程中遇到的问题，以使教师更为恰当地涉猎学习理论、教学理论和课程理论等领域。相对而言，教师则要积极地阅读专业期刊与研究著作，或者与不同研究领域的专家进行沟通，从而有效地学习和掌握与教育教学相关的各种研究方法（包括所教学科、教学实践和课堂反思等方面）和相关成果。通过这些方法的学习和应用，教师将增强问题解决（包括教学设计、课程理解、学生指导和课堂组织等方面）的策略、方法和技能，以更直接地改善其专业自主实践的水平。

（三）学生积极卷入教师的专业反思

在课堂内外，教师需要能够"及时"且"有效"地面对和解决学生、课程和自身之间的诸多协调问题，因而需要使其课堂问题解决技能实现策略化。反过来讲，学生要积极向教师暴露自己的想法和结果，支持教师专业性地反思教学活动和教育观念。

在教学活动方面，学生需要向教师陈述的主要内容包括倾听时间、占有教学材料的时间、指导频率、问询学生需要的频率、依情回应学生问题的频率、支持内在动机的程度和支持内化的程度等内容，[1] 以及它们与问题解决之结果的可能因果关系。与之相应，教师的教学决定应当建基于两方面的意识觉醒和深思熟虑：（1）决定所依据的前设；（2）这些决定的技术、教育与伦理后果。[2] 只有在学生具体反馈的支持下，教师才能有效地判定指导行为与学生自主（及其要素）的经验基础和发展目标的契合

---

[1] Reeve J., Bolt E., & Cai Y.. Autonomy-supportive Teachers: How They Teach and Motivate Students [J]. Journal of Educational Psychology, 1999 91 (3): 537–548.

[2] Irwin J.. What Is a Reflective//Analytical Teacher? ./Brubacher J. W., Case C. W., Reagan T. G.. Becoming a Reflective Educator: How to Build a Culture of Inquiry in the Schools [M]. California: Corwin Press, 1994: 24.

程度。

在教育观念方面，学生则需要主动地向教师表达其课堂学习体验和结果，而不是成为"沉默的大多数"。教师则应当具有清醒的自我批判意识，反省自己行为所隐含的"无意识的前提"，理性地抵制自己成为一个积极的、无思的共谋者。[1] 教师要积极学习和运用优秀的教育教学观念，对熟知、流行和常识性观念进行分析，去粗取精和去伪存真。进一步地讲，教师们要在专业共同体中积极地表达对共享叙事的解释；当相互理解出现的时候，他们通过进一步的对话和争辩使理解结果进行理论化。[2] 这样，教师才能形成良好的集体氛围，支持全体成员自主素养的发展。

三、师生自主间性强化途径的多样化

由于家庭背景、个人特征和社会环境等方面的差异，学生具有不同水平的自主素养，参与课堂活动的经验存在较大差异。为了创设更好的问题情境和提供更多的教学互助，师生应当抓住一切机会交流，详细理解师生自主素养的现实状况和发展条件。

（一）师生自主交流方式的多样化

随着社会的日益发达，交流方式已经变得非常多样。除了传统的交流方式（如面谈、家访和信件），教师和学生（甚至家长）还可以使用多种即时通信方式（如电子邮件、电话和网络社区等）进行交流，更为便捷地获取双方所需要的信息和资源，从而促进课堂活动或校园生活以及校外实践的生成。当然，为了有效地进行交流，师生应当熟悉各种通讯方式的操作程序及优缺点，并且知晓适用范围和条件（尤其及时沟通双方交流的可用工具）。这样，在处于不同情境（如课堂、校园和社会）或不同条件（如网络是否覆盖、家庭住址是否分散）时，师生才能够合理地发挥自主

---

[1] 曹永国. 在做什么，抑或知道在做什么——教师的前提性反思的危机与重建 [J]. 华东师范大学学报（教育科学版），2014 32（1）：41-49.
[2] Cardiff S.. Critical and Creative Reflective Inquiry: Surfacing Narratives to Enable Learning and Inform Action [J]. Educational Action Research, 2012 20 (4): 605-622.

性来进行信息分享。

(二) 师生自主交流时空的多样化

实际上，教师和学生进行交流的时空是非常广泛的。其中，交流的空间包括教室、办公室、校园、家庭乃至各种社会场所；交流的时间则可以涵盖课堂、课间、放学后乃至各种假期等。尤其重要的是，课外时空更加能够真切地反映师生的生命世界。通过交流时空的扩大化，教学人员不仅具有更多机会获得对方具有的知识和技能，观察对方的多种现实生活，而且能够通过"入场"切身体会各个时空的独特特征，形成更为直接的身心经验。为此，师生应当意识到交流时空的多种可能，积极地利用这些机会进行充分的人际交流，扩展信息共享的范围和层次，增强双方的各种情感联系，从而形成参与学校和课堂活动的意愿。

(三) 师生自主交流内容的多样化

学生自主发展的主要途径是问题解决活动，但其起源和目的都终于各种生活场域的问题；教师自主的发展则是要通过各种生活场域问题进行研究，终于课堂问题解决活动。为了更好地共同面向课程内容（及对应的真实问题解决），师生交流的内容不应局限于课程内容的学习，而是可以扩展到生活的各个方面（如处境、关切甚至琐事）。通过交流内容的多样化，教师能够发现影响学生课堂学习的各种因素，或者增强自身的教学资源和教育机智；学生可以释放内心情感，或者得到信息和物质支持，等等。这样，师生便有足够的机会去了解双方，及时地化解矛盾和增强信任，从而全心全意地参与课堂活动。

这样，通过学生自主素养的系统化、教师自主素养的深刻化和师生自主间性的多途径强化，师生不仅进一步地实现着自主素养表现与发展的"耦合"，增强其课堂自主间性体验的系统化，而且能够提高他们在学校情境继续生成自主间性的起点，扩展其自主活动的表现空间，进而能在未来（包括职业生活、日常生活和学习生活）表现更强的自主素养。

综上所述，在师生自主间性逐渐生成的过程中，在教师提供合理且有效的自主支持的条件下，学生经历了从进入问题情境经过问题分析到达问题化解的完整且复杂的自主实践过程,并且学会了与他人进行"协同"行动、情感交往的丰富技能。通过这些实践活动,学生将建立完善的自主素养(包括自主精神、自主意识、自主能力和自主品格),以在未来生活中进行类似的实践活动:形成一个源问题和靶问题的表征;寻找一个记忆中的相关类比;在源和靶的一致元素之间映射;类比推理或迁移(转换映射);学习。❶ 在此,我们需要注意:如图 16 两端的"面向未来"和"走向未来"所示,只有通过多学科和多层级的问题解决活动,学生才能更好地认识和筹划未来自我,才能更为全面地形成个人自主和自主间性素养,从而作出更优秀、更灵活的自主决策和行动,以积极地适应未来社会的多面生活。

---

❶ 罗伯逊著,张奇,译. 问题解决心理学 [M]. 北京:中国轻工业出版社,2004:179 – 180.

第五章　师生自主间性的实践建议

如前所述，个人自主是情境性的，师生自主间性亦是如此，受到学校、家长和社区的各种影响。鉴于我国教育实践和教育管理的实情，为了保证自主间性具有更大的实践时空（尤其保证问题化课堂的顺利进行），（除了教师依据自主间性的理想形态、基本要素和发展机制来进行准备和行动外）教师和学生需要认真地理解个人自主的关系性，积极向学校争取实践自主间性的空间，并与学校共同争取校外力量的支持。在这些增强问题化课堂教学的活动中，师生不仅要相互支持以表现自主间性，而且要通过共同应对外在环境而增强自主间性的品质。又鉴于"师生自主间性的基本要素""师生自主间性的发展机制"等章节已对教师和学生的教学准备和课堂行为等进行了充分的说明，本章仅针对引言和研究述评所提的认知和制度性问题提出补充性建议。

第一节　师生要认清双方自主的行动基础

前已提及，个人自主具有独立性和关系性，学生自主和教师自主亦是如此。教师和学生需要相互/共同深刻地理解个人自主的社会属性、学生自主的行动基础和教师自主的专业表现，才能在学校情境中恰当地发挥自主素养和自主间性，有效地回应外界的质疑声音或采取教育教学行动。

一、师生要理解个己自主的社会属性

教师和学生可以立足于个人经历（包括家庭生活、学校生活和社会生

活等）探索个人自主（包括教师自主和学生自主）的情境性和社会性等特征，进而理解自主间性的客观性和内在"耦合性"。

其一，家庭生活中的个人自主具有关系性。在任何家庭中，任何成员的个人自主都受到其他成员的支持或约束。即使再民主的家庭生活氛围，儿童也不可能被容许无限制的自主（尤其身体自主），而是要在某种程度上取得家长的赞同；即使再专制的家庭生活氛围，儿童也不可能无限制地被剥夺自主（尤其心理自主），而是会在某种范围内反抗家长的压制。相对而言，在较民主的家庭生活中，儿童会获得家长在认知、行为和情感等方面的自主支持，因而可能生成更具社会适应性的自主表现。因此，师生可以从家庭生活经历中体验个人自主具有的情境性和关系性，以及家庭成员的不同自主表现所形成的不同程度"耦合性"。

其二，学校生活中的个人自主具有关系性。在任何教育中，学生和教师的个人自主都受到课程内容与学校制度等因素的限制。从教育的本意讲，课程内容和学校制度为学生和教师全面地认识世界和适应成人世界提供了行动框架。但在任何水平的学校中，在对象方面，课程标准都在某种程度上限制着学生学习和教师教授的内容范围；在行动方面，学校制度都在某种范围内限制着学生学习和教师教授的行动方式。在社会（包括学校）发生重大变革时，课程内容和学校制度对学生自主和教师自主的影响会更为明显。因此，通过反思先前的学校教育经验，师生能够认识到个人自主具有的情境性和历史性，以及师生不同自主表现所形成的不同"协同性"。

其三，社会生活中的个人自主具有关系性。在任何社会生活中，任何个体（包括儿童和教师）的个人自主都受到各种制度或组织的约束。在这种成人（化）世界中，个体只有积极地参与和适应社会生活，与他人建立良好的协同关系，才能构建社会网络和属己的意义。正因为自主对个体（和社会）具有如此重大的意义，它才成为民主社会的基本价值观，成为学校教育的重要目标。[1] 对于学生自主发展而言，其目的是通过长成更为

---

[1] Aviram A. & Assor A.. In Defence of Personal Autonomy as a Fundamental Educational Aim in Liberal Democracies: A Response to Hand [J]. Oxford Review of Education, 2010 (1): 111–126.

个性化的成员，建设更为丰富、美好的社会；对于教师自主发展而言，其目的是通过更为个性化的教学活动促进学生自主素养发展，间接地服务于社会的发展。通过教师自主与学生自主在校期间的耦合，学生和教师将会获得参与未来社会其他形式"耦合"的良好经验。可见，教师自主和学生自主的关系与社会生活的要求是紧密相关的。

二、师生要厘清学生自主的行动基础

外因通过内因起作用，学生只有参与和维持教学活动，才可能拓展和提升其自主素养；因此，学生的（积极）参与成为其自主素养发展的首要前提。当然，学生参与某种活动也并非无缘无故，而是有凭有据的。师生可从以下三个条件对学生参与教学活动的可能性进行思考，以为其自主间性实践活动作好认识性准备。

第一，学生发现其需要满足的可能性。"需要是人类行为动力的源泉，也是个性的基础"[1]。在现实生活中，学生可能具有不同的需要（如安全、尊重、自我实现等）或不同组合的需要。这些需要能否以及如何满足，乃是学生是否参与学校生活的动力基础。"只有当主体意识到外部环境中存在某种满足需要的目标或诱因并采取行动时，需要才转化为现实的行动"[2]。例如，假若学生已经对未来职业形成良好的定位，如果（学生认为）学校能够为学生提供技能培训课程来帮助他进入相应的职业领域，那么，他就会积极地参与教学活动。事实上，活动展开过程总会要求学生或多或少地投入其各种身心成分；因而，在某一需要被满足的过程中，学生可能会卷入该活动所包含的其他需要（包括品德、智力、身体、兴趣、关系）。如果这些需要能够面向未来且不断地被引发，那么，学生自主就会获得继续发展的更多可能。

第二，学生发现其自我效能的适切性。自我效能（self-efficacy）体

---

[1] 陈平. 论学习动力 [J]. 课程·教材·教法，2001 (7)：24-28.
[2] 陈平. 论学习动力 [J]. 课程·教材·教法，2001 (7)：24-28.

现出个体"相信自己具有组织和执行行动以达到特定成就的能力的信念"❶。在家庭生活、社会生活以及先前教育生活中,学生已经积累大量的知识、技能和方法等,在相关成败体验上对不同领域形成了特定的态度,进而对参与各个领域活动及其结果建立了不同的期望。这些自我效能影响着学生参与教学活动及其结果的期望,以及敢于面对失败的信念等;对于某种教学活动,倘若学生认为具有较大的完成把握,就可能积极地进行自我调节和解决问题,从而努力完成活动。通过教学活动(如课堂亲身练习、观摩教师示范、同伴交流)及其结果(亲历的掌握性经验、替代性经验、言语说服、生理和情绪状态)❷,学生的自我效能也可能发生改变。因此,教师要有效地设计活动,让学生"逐渐地能够选择他要转向的目标,他变得对自己负责任。他能够决定,什么样的行为表现和方式对自己有意义,什么样的没有意义"❸。

第三,学生发现其实践活动的合理性。"一个理性的行动者,不能仅仅以满足目前或当下的欲望为行动的理由,而完全无视这种行动在未来可能带来的危害"❹。自出生之时,人便有理性的萌芽。"婴儿天生……具有认识到他们有能力产生想要的结果的能力,具有使他们的行动和他们尚未完全发展的身体图式相协调的能力"❺,这些能力随着儿童年龄的增长而日趋完善。随着某种(类型)活动参与的增多,学生会对类似活动建立愈加全面且系统的认识(包括价值准则),对其可进行性和可完成性(包括物质条件和人际条件等)进行愈加准确的判断。在活动实施之前,学生不会任意地过分超出其认知、身体和情感而作出判断,而是会对活动是否合理作出某种理解。一旦学生认定该实践活动的可完成性、可进行性和可操作性,他才可能(甚至敢于超越其能力本身)去进入活动的实施阶段。

---

❶ A. 班杜拉著,缪小春,等,译. 自我效能:控制的实施[M]. 上海:华东师范大学出版社,2003:3.

❷ A. 班杜拉著,林颖,等,译. 思想和行动的社会基础:社会认知论[M]. 上海:华东师范大学出版社,2001:译者序13.

❸ 罗杰斯著,杨广学,尤娜,潘福勤,译. 个人形成论:我的心理治疗观[M]. 北京:中国人民大学出版社,2004:158.

❹ 杨国荣. 理由、原因与行动[J]. 哲学研究,2011(9):64-72.

❺ 乔纳森·布朗著,陈浩莺,等,译. 自我[M]. 北京:人民邮电出版社,2004:129.

只有（学校）活动满足上述基本要求，学生才会认为所要进行的学习是有意义的。这种学习"能在个人的行为、未来的行动选择、个人的态度和人格等许多方面都导致真正的变化；这种学习具有弥散性，它不只是知识的增加，而是渗透到人的生存的各个方面"❶。这类活动使学生与对象建立紧密的意义联系，使学生能够更为全身心地投入到其中，进而可能提高他们的自主素养。这样，学生自主发展才有了最根本的前提。

三、师生要知晓教师自主的专业表现

为了促进学生自主发展，教师被（成人社会/法律制度）赋以教育教学的诸多权利和责任。❷ 其中最重要的内容是，在能够促进学生持久且健康发展的前提下，教师可以合理地改变教学活动及其任何要素，以适应教学情境、课程资源和学生现状等客观条件；进一步地，教师要努力提升和实践其专业自主素养（包括专业知识/应知、专业技能/实践和专业品质/愿持）❸，（在未来）使学生自主最为丰富且更为便宜地获得发展。❹ 在任何教学实践（包括全堂讲授和自主间性）中，教师总是在某些方面或明或暗、或深或浅地发挥着主导作用，但非发挥全部的自主素养。为了合理地实践自主间性，师生应当对教师自主的专业角色有所认识。

（一）作为自主的设计者

"任何课程的设计都包括四个关键部分：是什么，为什么，何时以及

---

❶ 罗杰斯著，杨广学，尤娜，潘福勤，译. 个人形成论：我的心理治疗观 [M]. 北京：中国人民大学出版社，2004：257.

❷ 注：如《中华人民共和国教师法》所规定，教师享有下列权利：进行教育教学活动，开展教育教学改革和实验；从事科学研究、学术交流，在学术活动中充分发表意见；指导学生的学习和发展，评定学生的品行和学业成绩等。教师应当履行下列义务：遵守宪法、法律和职业道德；贯彻国家的教育方针，遵守规章制度，执行学校的教学计划，完成教育教学工作任务；对学生进行宪法所确定的基本原则的教育等。这些内容表明，教师自主是情境性自主。

❸ 周文叶，崔允漷. 何为教师之专业：教师专业标准比较的视角 [J]. 全球教育展望，2012（4）：31-37.

❹ 注：教师自主是职业性自主，受到多种因素（包括教育目的、课程标准、法律法规以及学校制度）的约束。本文的教师自主是指，在遵守制度性要求和被学校赋以充分自主权的前提下，教师凭借自身专业素养所表现出的最大自主（即使学生自主素养的发展达到最大限度的可能）。

怎么样"❶。对于具体的课堂教学而言，教师要做的工作就是对学生发展区进行估计，充分地理解课程的含义并根据学生现状选择恰当的学习对象，组织所有资源并设计可执行的学习活动。

首先是设计学生素养发展的结果。教师要通过情境性活动观察学生的表现，并通过行为分析和访谈调查等判断他们已有的知识、技能和情感等，以有效地把握其自主的当前水平和独立发展区间；教师要了解课程标准对学生素养发展的具体规定，了解现有课程资源对课程标准的表现程度，以准确地把握所要教授的关键内容（尤其方法、方法论和元认知等要求）；教师要积极地表现自身的专业素养（包括课程理解、教育心理和教学经验）来合理地预测学生双重发展区现实化的结果状态（包括知识与技能、方法与策略以及学科思维等方面的具体表现）。❷

其次是设计学生活动的对象。教师应当深入地理解课程内容实质（包括知识与技能、方法与过程、情感价值观等），广泛地进行文献阅读、生活观察和社会实践等活动，寻找和选择与课程内容的产生和运用相关联的客观对象（尤其问题及其存在场域）；教师需要理解课程内容（包括各种层次的整体和局部关系）与其对应的客观实践，以及从后者形成知识和技能的具体方式；教师需要根据学生水平、学习科学和学校资源等向学生呈现恰当的问题情境（如小学生进行动手操作，中学生进行资料阅读），并以问题解决的形式设计学习过程。❸

---

❶ 威尔顿著，吴玉军，等，译. 美国中小学社会课教学策略［M］. 北京：华夏出版社，2003：82.

❷ 注：任何活动都有目标与结果两种状态。按顺序讲，先有目标后有结果。目标是指在活动进行前，主体对在活动结束时自身状态或对象状态或其间关系的预设。结果是指活动完成时，主体或对象的实际状态或二者的实际关系。由于主体、对象、工具和环境等因素的影响，结果与目标虽有重要关系，但并非完全相符。参见：约翰·杜威著，薛绚译. 民主与教育［M］. 南京：译林出版社，2014。在学习活动进行前，学生只能根据自身经验或教师要求设定目标，却难以把握实际结果究竟如何。但是，作为专业人员的教师却可以（或应当）根据其（课程、心理、教学等）专业素养和学生现实素养准确地预设教学活动的结果，并将此作为规范学生学习活动的方向。因此，理想的情况是教师先有"教学结果"学生后有"学习目标"。

❸ 注：需要注意的是学习活动与自主双重发展区的对应性关系。本文认为，虽然不同学生自主的双重发展区是不同的，但是，教师在对象设计时可以这样考虑其间关系，即相对地，高自主水平学生所独立完成的结果等于低自主水平学生的最近发展区间。这样，教师须对学生自主素养水平有清楚的把握，并设定最高自主水平学生最近发展区或允许他独立作出决定。当然，在实际教学中，学生自主面向不同的需要和对象，因此，不同自主水平的学生可扮演学习者外的多种角色。

最后是设计学生参与的活动。教师设计的学习活动（包括文本理解）应当反映出实践的过程性尤其问题解决的基本过程，并在某种范围内规范学生的行为表现，使他们能够有序地参与和维持自主学习活动；考虑到学生的自主水平和问题解决需要，教师需要以恰当的形式（包括成员特征、小组人数等）来构建学生学习组织❶和进行任务分配（包括小组任务和个人任务）；为了保证学习过程的顺利进行，教师还需要在课前准备好相关材料，并根据教学需要设计好它们的分配方式。

（二）作为自主的组织者

教师需要承担起课堂活动的组织责任，积极有效地实施和调节活动方案，为学生提供有序、稳定且生成性的课堂环境，以实现预定学习目标（包括课程任务和学生素养）的有效达成。

其一是组织学习小组的创建。教师要根据既定活动内容和学生素养（包括能力、经验、期望、品行等），用恰当的组织方式（如教师指令、师生协商甚至学生自愿）将全体学生安排进入不同的学习小组（独立学习、小组学习和全班学习等）❷；教师还应考虑每个学生的自主现状和发展目标，对他们进行恰当的座次安排、任务分工和权力分配，以保持小组内部的合作关系，并恰当地组织和维持组间关系；教师可以要求任务完成速度较快或质量较高的小组成员帮助其他小组，以发挥学生的全部力量来更好地完成班级教学任务。

其二是组织教学程序的实施。教师要（与学生）综合考虑实践活动所涉及的内外因素，制定明确的班级规章制度（如管理规则、奖惩规则）和学习活动规范（如求助规则、发言规则）；教师要根据规则实施的基本要求，规范性地运用它们管理学习环境或解决矛盾，也可以通过代理人（各种管理角色的学生）进行组织活动实施，从而保证学生自主活动的顺利完成和规则意识的养成；教师要密切地观察和了解学生学习的进展情况，及

---

❶ 凌建青. 小组建设：合作学习从形式走向实质的基石［J］. 上海教育科研，2015（4）：77-79.

❷ M. 希尔伯曼著，陆怡如，译. 积极学习：101 种有效教学策略［M］. 上海：华东师范大学出版社，2005.

时调整教学进度或课程内容，或者有效地组织学生进行问题解决，以保证既定程序的顺利展开。

其三是组织学习资源的使用。教师需要根据教学方案准备和组织所有的课堂资源，有效地组织物质资源的分配，保证每位学生所需资源都能及时、准确到位。更重要的是，教师要合理地组织信息资源的流动和共享。在学生自主学习时，教师要根据活动进展情况及时地组织小组或全班进行讨论、交流、汇报等，使信息资源能够在班级中得到最大限度地传播和利用。这样，已经完成任务的小组或成员能够丰富自己的认识并增强交际能力，未完成任务的小组或成员则能够及时地获得问题解决的思路、方法和知识，全体学生才能获得发展。

（三）作为自主的对话者

考虑到班级学生的差异性和课程理解深刻化，教师既要组织和鼓励学生积极地独立学习与合作学习，又要在理解后者困惑的基础上提供及时且有效的指导。这些都离不开教师良好的对话素养。

首先是聆听学生的声音。教师要主动参与到学生学习过程中，感受和分析学生的思维过程，以此寻找自主支持的焦点。当小组进行讨论时，教师可以旁听其发言过程和内容来掌握他们对学习内容的理解状况（以及小组成员交流的水平）；在学生独立学习时，教师可以观察其形成的文本和身体等来推断他们的内在思维过程；甚至，教师可以观察活动产品来推断学生的思维质量。在掌握学生学习状况后，教师要判断学生自主的独立发展区是否已经现实化，并找到学生（可能）存在的问题。

其次是引导学生的对话。在教学对话之前，教师要始终牢记既定课节的自主学习活动的核心，要使所有学生的注意力聚焦问题解决活动，并要积极地聆听和观察学生对话并准确判断它的性质。一方面，教师要努力地创设满足学生需要、安全、有序和挑战性的学习环境，鼓励所有学生都参与到课堂活动中来，增强他们解决问题的信心和条件（或为其他素养的发展提供条件）。❶ 另一方面，教师要通过多种方式（如信息、物质、人力）提供必要的自主支持，帮助学生有效地澄清和分析（可能的）问题，使全体学生都有完成课程理解或问题解决任务的可能。

最后是反馈内容的讲授。讲授是"教师在消化了教材以后根据教学目标和学生的实际，通过语言和其他辅助教学手段对系统的学科内容进行讲述的教学活动"❷；所以，只有当学生群体（整个班级或学习小组）暴露出较多的共同性问题或遇到较为严重的问题时，教师才需要（或能够）对学生进行直接讲授。教师要及时对学生问题进行归纳性分析，找到其中的关键性问题，并以此为基础提供必要的内容（思路，方法，或内容）。在直接讲授时，教师首先要提出明确的讲授指令，让所有学生的注意力集中到内容讲授；其次，教师要紧贴学生所遇的问题，以问题解决的顺序展开学科内容的讲授；最后，教师要注意语言表达的连贯性，使其讲述的内容易化、深化、活化和美化。

总体而言，上述专业角色构成了教师在教学活动中的完整自主表现：活动设计及其结果（问题活动方案）是教师自我决定素养的表达结果；活动组织和课堂对话是教师自我调节和自我实现素养的共同表达结果。更重要的是，师生应当知晓：鉴于最近发展区理念，教师的自主表现应当贯彻"以学为本，先学后教"原则。

---

❶ 里德利，沃尔瑟著，沈湘秦，译. 自主课堂：积极的课堂环境的作用 [M]. 北京：中国轻工业出版社，2008：20-22.

❷ 杜和戎. 讲授学 [M]. 北京：高等教育出版社，1995：5.

第二节 师生要增强实践自主间性的可能

自主的本质是积极的自由,"既是以某种方式行动的权利或能力,又是一种理性的自我导向,还意味着个人通过民主参与的方式控制自己命运的集体自治"❶。然而,在我国(尤其应试背景下),学校教育现实总是或多或少地受到管理人员、家长的干涉。面对此情,教师和学生要学会积极地与学校、家长和社会沟通,形成自主支持的宏大环境,进一步增强实践自主间性的可能性。

一、师生要努力扩展自主实践的机会

无论什么样的学校,都受到各种校外力量的约束以获得存在和发展的资源,都有自身的组织架构和权限分配以实现内部的有序运转。尤其地,作为学校组织结构中的"上位者",学校管理人员在校内事务上具有更多、更强的话语权,因而在很大程度上决定着教师自主和学生自主的权限(甚至资源)。教师和学生必须适应基本规则以立足其中,但也应当积极沟通以突破部分不当约束或发现更高的发展层次。

面对制度化的学校环境,要想有实践其自主间性的更多机会和范围,教师和学生必须积极地争取管理人员的同意。教师和学生要积极地向管理人员说明社会发展、教育发展对个人自主(包括学生自主和教师自主)和组织自主(包括学校自主)的要求和期望,阐述个人自主(含学生自主和教师自主)对社会发展、教育发展尤其学校发展所具有的重要价值,引证师生进行高效教育教学活动所必要的基本权限,以取得管理人员对个人自主和师生自主的关注。更理想的结果是,他们能够通过自身的自主表现取得良好的成果(如学习兴趣增强、师生关系改善尤其学业成绩提高),或

---

❶ 韩升. 生活于共同体之中:查尔斯·泰勒的政治哲学 [M]. 北京:中国社会科学出版社,2010:106-107.

引用外校实实在在的教学成果,来证明自主素养所具有的实用性价值,以此获取管理人员的真心自主支持。

二、师生要竭力扩充自主实践的资源

师生自主间性实践的主要途径是真实问题情境及其化解,而且(由于课程内容的不断变化)问题情境也是要不断重新设置的。这样,整个教学系统就会变得复杂多变,因而需要大量的信息资源、物质资源甚至人力资源。显然地,受到时间、精力等方面的限制,教师单凭一己之力无法快速、及时地掌握和占有全面、最优的资源进行教学活动(设计),以为学生提供最佳的问题情境和自主支持。

因此,在自己努力发掘和制备的基础上,师生要积极地向教辅人员(包括实验教师、研究人员甚至校外人员)争取课堂活动所需的资源。首先,教师和学生要向教辅人员表明学生自主素养及其发展的意义,以争取后者对培育学生自主素养的关注、认同与参与。其次,教师和学生要向教辅人员阐述自主课堂所需资源的丰富性,并清楚地说明教学活动所需资源的用途与要求,以便他们能够准确或恰当地购买与制备(甚至与后者联合开发)。最后,教师和学生应当及时向教辅人员反馈资源使用的效果(尤其对学生成绩的影响),以尊重他们的贡献或进一步寻求必要的课堂资源支持。

三、师生要积极对外解释自主的内涵

在不同家长和社区的观念中,"个人自主"具有十分不同的含义(从"个性发展"到"自觉学习",再到"放任自由");因而,他们对(发展)学生自主素养具有不同的态度,可能对学校和教师的教育教学实践进行不同程度、各式各样的干涉行动(如发表社会评论、参与儿童学习,甚至介入课堂活动),进而对学生自主和教师自主的行动和前景造成或利或弊的影响。

为了能够更好地实践自主间性,教师和学生有必要预先向家长和社区等进行宣传。他们需要积极地向家长和社区解释个人自主的基本内涵和各种价值，清楚地描述学生自主和教师自主的合理表现（包括认知、行为和情绪方面），甚至引证师生自主表现的实际价值，以便与社区和家长达成关于个人自主的存异性共识，形成共促学生自主素养发展的大环境。在共识达成的前提下，（在学校制度的允许下）教师还应积极邀请社会和家长参与教学改革行动，让他们亲眼见证师生自主的课堂表现和良好成绩，认识自主的重要意义或价值，以此消除原有的担心或焦虑，或请求/获得更多的心理和资源支持。

第三节　学校要创造师生自主间性的时空

作为教学活动的承载环境，学校应当努力创造制度性空间并排除各种阻碍，以有效地支持师生实践自主间性。其中的重点是，管理人员尤其校长要积极地提高自主修养，带领教师和教辅人员共同践行自主间性，积极地向家长、社区和社会等群体进行解释，并向他们争取精神、物质和人力方面的支持。

一、管理人员要理解个人自主素养的内涵

如前所述，学生自主和教师自主是促进学校教育质量提升的基本前提，而管理人员又在某种程度上具有支配性地位。因此，为了自主教育的有效实施和恰当管理，管理人员首先要认识个人自主的内涵（包括本体结构、实践结构和情境限制），据之分析和建立其职责范围内的应有自主表现（包括如何决定学校工作、如何与教师建立面向自主教学的关系等）。

为了适应学校教育的特色、条件等，管理人员要积极地与师生沟通，充分地理解其自主素养的内涵和表现。首先，管理人员要通过专业学习、专家求教等方式对教师自主表现（包括设计者、组织者和对话者等角色）和学生自主发展前景（包括发展可能、发展程度和发展条件）有比较恰当的认识，以能够准确判断本校师生自主素养的真实质量。其次，管理人员与师生要积极地进行协商，结合本校的发展规划和实际情况就个己自主（包括管理人员自主、教师自主和学生自主）的内容、表现及权限形成存异性认识，为后续的学校管理/教学活动的展开提供必要的认识性前提。最后，管理人员与教师要共同反思现有的学校规章制度，依据自主教育要求建立合理、有效的规范（包括学校管理、课堂管理、师生评价）和机制（包括上下沟通、平级沟通，尤其课堂教学方面），以保证师生发挥和发展自主素养的机会和条件。

二、管理人员要认识师生自主间性的内容

如前所述，师生自主间性具有内在的耦合性和外在的适应性，以及由此产生的程度性：教师自主和学生自主只有不断地实现"耦合"（自主间性），才能使问题化课堂不断地向前推进，使学生自主素养的最大化发展具有实现的可能。倘若其中的一方表现出失当自主，那么，任何"教学任务"都不可能有效地完成。

为此，管理人员要正确认识师生自主间性的内涵及其实践形态。首先，管理人员要观察和思考教学实践中的师生表现，理解学生自主和教师自主所具有的"共进共退"关系以及二者在这种关系中的作用，以此为基础建立和理解师生自主间性的内涵（包括内在耦合性和外在适应性）。其次，管理人员要依个人自主的程度性来理解师生自主间性的程度性，甚至依据社会对个人自主要求的复杂化形成自主间性的理想形态，以此认识真实问题解决、理解性对话和团队合作对师生自主间性（包括教师自主和学生自主）发展的重要价值。最后，管理人员要结合学校发展规划来细化师生自主间性表现，并建立师生自主间性发展（包括教师行为、学生行为和师生互动）的评价标准，以此支持和督促师生进行有质量的自主间性实践。

三、管理人员要提供师生自主间性的支持

在承认师生自主间性及其价值的基础上，管理人员积极地向教师和学生提供自主支持。其一，管理人员要作好制度建设方面的工作（包括发展规划、运行管理、课堂教学等），为师生实践其自主间性提供安全、自由的学校空间或课堂空间。其二，管理人员要积极地参与师生自主间性实践，并与他们进行多层次的沟通，及时发现实践过程中的优秀表现以进行示范性宣传，及时发现实践过程中存在的主要问题并予以纠正，以更好地促进师生自主间性的教学实践。其三，管理人员要积极地与教辅人员、社区和家长进行全方位的沟通，向他们解释师生自主间性（学生自主和教师自主）对教学、教育和社会发展的重要性，并鼓励他们考察和参与学校教

学改革的实践或提供必要的资源和支持。

受到校内外各种因素的影响，不同教师对学生自主（及自主教育）可能有不同的理念、观念和态度，采用不同质量的活动方案来实施教学：热情者有之，冷漠者有之，放弃者亦有之。因此，作为学校发展的掌舵人，校长不能单靠理解、同情教师的遭遇来进行管理。相反，校长要积极地思考教师自主与学生自主的具体关系和行动框架，大胆构想课堂教学形态，努力与教师和管理人员进行交流或对后者进行积极的说服，并在制度层面上采取果断、务实的措施推动全体教师参与自主教育改革的实践，保证全体学生具有获得最大化自主素养发展的可能。

结　语

在教育活动中，教育者和受教育者都是具有自主性的人。[1]但是，自主性具有一种不同程度的特质；在不同的教学形态中，教师自主和学生自主可能具有不同程度的表现，由此导致学生自主和教师自主收获不同程度的发展结果。显然，并非任何程度的发展结果都是师生、家长以及社会所愿意接受的。

无论是教学实践的现实表现还是教学理论的逻辑推理都表明：教师自主和学生自主的表现与发展具有"共进共退"的关系。一旦教师自主和学生自主发生相互作用，就会产生包含并超越二者的特殊存在，本研究称为自主间性。这种特殊性提醒研究者：既然教师自主和学生自主具有这样的特殊关系，那么，将二者进行整合性研究可能生成更好的研究结果，同时会为师生自主教学实践提供更好的参照框架。这一研究思路继承并发扬了主体间性的核心理念，即教师和学生是地位平等的主体，通过交流实现相互理解，达到共同的心灵成长和共同情感体验，[2]而且规避同一性哲学消弭自主性的风险，即"主体间性和主体性一样都最终走向了对同一的向往和对差异的忽视"[3]。因此，倘若主体间性的自主性之维（交互自主性）能够被彰显，我们便可以很好地应对社会对师生自主表现与发展的双重

---

[1] 郝文武. 师生主体间性建构的哲学基础和实践策略［J］. 北京师范大学学报（社会科学版），2005（4）：15-21.

[2] 马尚云. 主体间性视阈下的师生关系：共在、共创、共长、共享［J］. 内蒙古师范大学学报（教育科学版），2013 26（1）：64-67.

[3] 刘要悟，柴楠. 从主体性、主体间性到他者性——教学交往的范式转型［J］. 教育研究，2015（2）：102-109.

诉求。

回顾本研究，主要成果概括如下。

（1）自主间性是指交互主体就个人自主达成共识，依之合理表现个己自主，支持各方自主协同性生成的融合状态，即交互各方在团体性活动中的协同自主状态，具有内在的耦合性和外在的适应性等基本属性。自主间性内含你—我自主、群—己自主的双重协同，存于团体活动和个己观念等存在场域，内含交往主体达成个人自主的共识，尊重与支持各方自主的表达等行动诉求。

（2）学生自主的发展属性和教师自主的专业属性共同决定着师生自主间性的理想形态（自主间性理念），即以学生自主性素养发展作为旨归；以个人自主的存异性共识作为行动基础；以问题化课堂作为生成环境（包括真实世界问题作为对象、形成认知问题作为起点、理解性对话作为方法）等。

（3）师生自主间性（发展）面向的根本对象是课程内容对应的真实问题情境（及认知问题）及其化解。作为教学活动的重要因素，学校课程的文本本源是真实问题解决，掌握过程是认知问题解决，其学习基础是问题结构理解。

（4）师生自主间性的实践过程大致是：通过协商作好主体性准备（包括达成自主共识、构建学习小组和形成课堂规则），联合作好对象性准备（理解教学设计依据、发现真实实践对象和制订教学活动方案）；遵循"问题解决"程序进行教学活动，在每一环节遵循"以学为本即学生先学，教师后教或小组研讨"的原则，以使自主（间性）的认知、行为和情感之维协同发展；教师要引领学生自主素养的系统化，学生要卷入教师自主素养的深刻化，并且教师和学生通过多种途径强化自主间性。

限于个人能力，本研究主题在以下方面待改进。

（1）本研究的研究述评主要关注主体间性、个人自主（含关系性自主）以及师生自主，未能对人际关系等方面研究进行梳理；未来研究将通过进一步梳理相关文献提升自主间性的理论深度。

（2）本研究主要侧重于理论思辨，缺乏对师生自主间性实践的呈现和批判；因此，未来研究的方向是应用理论来审视教学实践，或者通过教学实践修正研究结论。

（3）本研究通过整理研究文献后认定，问题解决是师生自主间性发展的基本途径，缺乏教学实践人员的经验支持；未来研究将搜集一线教师（尤其优秀教师）的实践或思想来进行完善。

参考文献

中文文献

[1] 阿·尼·列昂捷夫著,李沂,译. 活动·意识·个性 [M]. 上海:上海译文出版社,1980.

[2] 埃里克·H. 埃里克森著,孙名之,译. 同一性:青少年与危机 [M]. 北京:中央编译出版社,2015.

[3] 艾德勒,范多伦著,郝明义,朱衣,译. 如何阅读一本书 [M]. 北京:商务印书馆,2004.

[4] L. W. 安德森,D. R. 克拉斯沃尔,P. W. 艾雷辛著,皮连生,主译. 学习、教学和评估的分类学布卢姆教育目标分类学(修订版)[M]. 上海:华东师范大学出版社,2008.

[5] A. 班杜拉著,林颖,等,译. 思想和行动的社会基础:社会认知论 [M]. 上海:华东师范大学出版社,2001.

[6] A. 班杜拉著,缪小春,等,译. 自我效能:控制的实施 [M]. 上海:华东师范大学出版社,2003.

[7] 保罗·瓦兹拉维克,珍妮特·比温·贝勒斯,唐·杰克逊著,王继堃,译. 人类沟通的语用学 [M]. 上海:华东师范大学出版社,2016:

[8] 波普尔,鲁旭东. 科学:问题、目的和任务 [J]. 哲学译丛,1995 (S1):1 – 15.

[9] 约翰·D. 布兰思福特等著,程可拉,孙亚玲,王旭卿,译. 人是如何学习的:大脑、心理、经验及学校 [M]. 上海:华东师范大学出版社,2002.

[10] 乔纳森·布朗著,陈浩莺,等,译. 自我 [M]. 北京:人民邮电出版社,2004.

[11] 蔡清田. 素养:课程改革的 DNA [M]. 台北:台湾高等教育出版社,2011.

[12] 蔡铁权,陈丽华. 科学教育要重视科学阅读 [J]. 全球教育展望,2010 (1):73 – 78,91.

[13] 曹永国. 在做什么，抑或知道在做什么——教师的前提性反思的危机与重建 [J]. 华东师范大学学报（教育科学版），2014 32（1）：41-49.

[14] 查尔斯著，李庆，译. 建立课堂纪律 [M]. 北京：中国轻工业出版社，2003.

[15] 查尔斯·泰勒著，程炼，译. 本真性的伦理 [M] 上海：上海三联书店，2012.

[16] 陈丽君，郑雪. 问题发现过程认知阶段划分的探索性研究 [J]. 心理学探新，2011 31（4）：332-337.

[17] 陈平. 论学习动力 [J]. 课程·教材·教法，2001（7）：24-28.

[18] 陈学军. 复杂性思维：一种新的课堂教学组织观 [J]. 当代教育科学，2004（3）：26-28.

[19] 陈中岭. 县域教研共同体的动力困境探微——基于中部某省某县级市实践的视角 [J]. 教育理论与实践，2016（5）：16-21.

[20] 程伟. 小组学习的实践误区及常态回归 [J]. 中国教育学刊 2015（10）：59-62.

[21] 崔允漷，郑东辉. 论指向专业发展的教师合作 [J]. 教育研究，2008（6）：78-83.

[22] 崔允漷，王少非. 教师专业发展即专业实践的改善 [J]. 教育研究，2014（9）：77-82.

[23] 达斯著，张厚粲，等，译. 阅读障碍与阅读困难——给教师的解释 [M]. 北京：人民邮电出版社，2007.

[24] 大卫·布莱特著，黄铭，张慧芝，译. 课程设计：教育专业手册 [M]. 台北：桂冠，2000.

[25] 丹东尼奥，拜森赫茨著，宋玲，译. 课堂提问的艺术：发展教师的有效提问技能 [M]. 北京：中国轻工业出版社，2006.

[26] 邓曦泽. 问题研究与文本研究——基于知识生产视角的学术方法论探讨 [J]. 中国人民大学学报，2013（5）：144-150.

[27] 邓铸，余嘉元. 问题解决中对问题的外部表征和内部表征 [J]. 心理学动态，2001 9（3）：193-200.

[28] 董守生. 学生的自主性及其教育 [M]. 北京：中国社会科学出版社，2014.

[29] 杜殿坤. 原苏联教学论流派研究 [M]. 西安：陕西人民教育出版社，1993.

[30] 杜和戎. 讲授学 [M]. 北京：高等教育出版社，1995.

[31] 约翰·杜威著，薛绚，译. 民主与教育 [M]. 南京：译林出版社，2014.

[32] 段素革. 认同与自主性——H. G. 法兰克福意志自由概念探析 [J]. 河北师范大学学报（哲学社会科学版），2011 34（4）：49-54.

[33] 多尔著,王红宇,译. 后现代课程观(2版)[M]. 北京：教育科学出版社,2015.

[34] 凡清. 语言、交往与个性的形成[J]. 哲学动态,2005(9):13-17.

[35] 凡清. 语言与个体行为的自我调节[J]. 广东社会科学,2004(5):78-82.

[36] 冯建军. 以主体间性重构教育过程[J]. 南京师大学报(社会科学版),2005(4):86-90.

[37] 冯建军. 主体间性与教育交往[J]. 高等教育研究,2001(6):26-31.

[38] 冯建军. 教育基本理论研究20年(1990-2010)[M]. 福州：福建教育出版社,2012.

[39] 拉蒙·弗莱夏著,温建平,译. 分享语言：对话学习的理论与实践[M]. 上海：华东师范大学出版社,2005.

[40] 傅小兰,何海东. 问题表征过程的一项研究[J]. 心理学报,1995 27(2):204-210.

[41] 汉斯-格奥尔格·伽达默尔著,洪汉鼎,译. 诠释学Ⅰ、Ⅱ：真理与方法[M]. 北京：商务印书馆,2010.

[42] 干成俊. 社会时间是人的实践活动的展开——关于马克思哲学时间观的再思考[J]. 学术界,2006(5):175-178.

[43] 高文,徐斌艳,吴刚. 建构主义教育研究[M]. 北京：教育科学出版社,2008.

[44] 甘怡群,王晓春,张轶文,等. 工作特征对农村中学教师职业倦怠的影响[J]. 心理学报,2006 38(1):92-98.

[45] 郭湛. 论主体间性或交互主体性[J]. 中国人民大学学报,2001 15(3):32-38.

[46] 郭湛. 主体性哲学——人的存在及其意义(修订版)[M]. 北京：中国人民大学出版社,2011.

[47] 哈贝马斯著,张博树,译. 交往与社会进化[M]. 重庆：重庆出版社,1989.

[48] 韩升. 生活于共同体之中：查尔斯·泰勒的政治哲学[M]. 北京：中国社会科学出版社,2010.

[49] 马丁·海德格尔著,陈嘉映,王庆节,译. 存在与时间[M]. 北京：生活·读书·新知三联书店,1999.

[50] 海伦·蒂姆勃雷. 促进教师专业学习与发展的十条原则[J]. 教育研究,2009(8):55-62.

[51] 韩东屏. 实践：问题、知识、标准[J]. 天津社会科学,2012(6):15-23,60.

[52] 郝文武. 师生主体间性建构的哲学基础和实践策略 [J]. 北京师范大学学报（社会科学版），2005（4）：15－21.

[53] 何怀宏. 契约伦理与社会正义：罗尔斯正义论中的历史与理性 [M]. 北京：中国人民大学出版社，1993.

[54] 黑尔，斯蒂著，刘雅，译. 学生为中心的课堂讨论 [M]. 北京：中国轻工业出版社，2009.

[55] 胡海舟. 教学立意的实践误区及提升路径 [J]. 中国教育学刊 2015（12）：49－53.

[56] 埃德蒙德·胡塞尔著，倪梁康，张廷国，译. 生活世界现象学 [M]. 上海：上海译文出版社，2002.

[57] 黄巍，优、差生解决有机合成的问题表征差异及其影响因素 [J]. 心理科学，1994（4）：217－222.

[58] 姜勇，洪秀敏，庞丽娟. 教师自主发展及其内在机制 [M]. 北京：北京师范大学出版社，2009.

[59] 金美福. 教师自主发展论 [D]. 长春：东北师范大学，2003.

[60] 卡西尔著，李化梅，译. 人论 [M]. 上海：上海译文出版社，1985.

[61] 凯利著，吕敏霞，译. 课程理论与实践 [M]. 北京：中国轻工业出版社，2007.

[62] 康伟. 师生主体间性理论与实践研究 [D]. 西安：陕西师范大学，2007.

[63] 柯普宁著，彭漪涟，王天厚，译. 作为认识论和逻辑的辩证法 [M]. 上海：华东师范大学出版社，1984.

[64] 里德利，沃尔瑟著，沈湘秦，译. 自主课堂：积极的课堂环境的作用 [M]. 北京：中国轻工业出版社，2008.

[65] 李林昆. 对主体性问题的几点认识 [J]. 哲学研究，1991（3）：25－32.

[66] 李霞，朱晓颖，李文虎. 归属需要的研究进展 [J]. 心理学探新，2010，30（2）：86－90.

[67] 李子建，尹弘飚. 课堂环境对香港学生自主学习的影响——兼论"教师中心"与"学生中心"之辩 [J]. 北京大学教育评论，2010 8（1）：70－83.

[68] 梁励. 论历史教学中问题情境的创设 [J]. 课程·教材·教法，2005（5）：55－59.

[69] 廖伯琴，黄希庭. 大学生解决物理问题的表征层次的实验研究 [J]. 心理科学，1997 20（6）：494－498.

[70] 凌建青. 小组建设：合作学习从形式走向实质的基石 [J]. 上海教育科研，2015（4）：77－79.

[71] 刘德林. 学校纪律的性质及其确立［J］. 教育科学研究，2009（2）：61-64.

[72] 刘恩山. 中学生物教学论［M］. 北京：高等教育出版社，2003.

[73] 刘福森. 主体、主体性及其他［J］. 哲学研究，1991（2）：49-53.

[74] 刘丽虹，张积家. 语言如何影响人们的思维［J］. 自然辩证法通讯，2009 31（5）：22-27.

[75] 刘明合. 交往与人的发展——基于马克思主义的视角［M］. 北京：中央编译出版社，2008.

[76] 刘明石，于海洋. 交往视域人的主体性［M］. 哈尔滨：哈尔滨地图出版社，2008.

[77] 刘要悟，柴楠. 从主体性、主体间性到他者性——教学交往的范式转型［J］. 教育研究，2015（2）：102-109.

[78] 刘永康. "自主学习"的是与非［J］. 中国教育学刊，2011（9）：53-56.

[79] 楼世洲，张丽珍. 教师专业自主：困境与出路［J］. 教师教育研究，2007 19（6）：6-9.

[80] 简·卢文格著，韦子木，译. 自我的发展［M］. 杭州：浙江教育出版社，1998.

[81] 罗伯逊著，张奇，译. 问题解决心理学［M］. 北京：中国轻工业出版社，2004.

[82] 约翰·罗尔斯著，何怀宏，等，译. 正义论［M］. 北京：中国社会科学出版社，1988.

[83] 罗杰斯著，杨广学，尤娜，潘福勤，译. 个人形成论：我的心理治疗观［M］. 北京：中国人民大学出版社，2004.

[84] 罗杰斯，福雷伯格著，伍新春，管琳，贾容芳，译. 自由学习［M］. 北京：北京师范大学出版社，2006.

[85] 吕立杰，袁秋红. 校本课程开发中的课程组织逻辑［J］. 教育研究，2014（9）：96-103.

[86] 马丁·海德格尔著，陈嘉映，王庆节，译. 存在与时间（修订译本）［M］. 北京：生活·读书·新知三联书店，2014.

[87] 马尔扎诺著，杨宁，卢杨，译. 学校如何运作：从研究到实践［M］. 北京：中国轻工业出版社，2005.

[88] 马克思，恩格斯. 马克思恩格斯全集（第42卷）［M］. 北京：人民出版社，1979.

[89] 中共中央马克思恩格斯列宁斯大林著作编译局. 马克思恩格斯选集（第1卷）［M］. 北京：人民出版社，1995.

[90] 马尚云. 主体间性视阈下的师生关系：共在、共创、共长、共享 [J]. 内蒙古师范大学学报（教育科学版），2013 26（1）：64-67.

[91] 马斯洛著，许金声，程朝翔，译. 动机与人格 [M]. 北京：华夏出版社，1987.

[92] 希尔伯特·迈尔著，夏利群，译. 备课指南 [M]. 上海：华东师范大学出版社，2010.

[93] 麦金泰尔著，丁怡，译. 教师角色 [M]. 北京：中国轻工业出版社，2002.

[94] 毛景焕，李蓓春. 认知结构理论的教学设计原理初探 [J]. 外国教育研究，2000（4）：10-13.

[95] 毛齐明，岳奎. "师徒制"教师学习：困境与出路 [J]. 教育发展研究，2011（22）：58-62.

[96] 约翰·密尔著，许宝骙，译. 论自由 [M]. 北京：商务印书馆，1998.

[97] 诺尔曼·丹森著，魏中军，孙安迹，译. 情感论 [M]. 沈阳，辽宁人民出版社，1989.

[98] 欧炯明. 关于自觉性和自发性范畴 [J]. 云南社会科学，1999（增刊）：35-39.

[99] T. 欧文斯著，高地，译. 现象学和主体间性 [J]. 世界哲学，1986（2）：57-62.

[100] 庞维国. 论学生的自主学习 [J]. 华东师范大学学报（教育科学版），2001 20（2）：78-83.

[101] 彭明辉，马飞龙. 变易理论：学生自主学习和教师帮助之间的关系. 教育学报，2009 5（3）：22-35.

[102] 彭茜. 教育性教学交往论 [M]. 杭州：浙江教育出版社，2012.

[103] 皮亚杰著，范祖珠，译. 发生认识论 [M]. 北京：商务印书馆，1990.

[104] 齐默尔曼，邦纳，科瓦奇著，姚梅林，徐守森，译. 自我调节学习：实现自我效能的超越 [M]. 北京：中国轻工业出版社，2001.

[105] 齐学红. 学生自主性发展的个案研究 [J]. 山东师范大学学报（人文社会科学版），2001 46（2）：72-78.

[106] 裘指挥，张丽. 班级规则的结构合理性研究 [J]. 教育评论，2006（3）：32-34.

[107] 任友群，朱广艳. 有意义的学习源自问题解决——戴维·乔纳森教授访谈 [J]. 中国电化教育，2009（1）：6-10.

[108] 邵志豪，袁孝亭. 注重学科思维训练的地理教学研究 [J]. 东北师大学报（哲学社会科学版），2011（3）：262-264.

[109] 斯腾伯格，史渥林著，赵海燕，译. 思维教学：培养聪明的学习者 [M]. 北

京：中国轻工业出版社，2001．

[110] 孙庆斌．从自我到他者的主体间性转换——现代西方哲学的主体性理论走向[J]．理论探索，2009（3）：35-38．

[111] 孙庆斌．列维纳斯：为他人的伦理诉求[M]．哈尔滨：黑龙江大学出版社，2009．

[112] 唐海朋，郭成，程平，等．中小学教师自主水平的调查研究[J]．教育学报，2014（2）：85-93．

[113] 汤姆利桑，阿兰著，杨清，译．差异教学的学校领导管理[M]．北京：中国轻工业出版社，2005．

[114] 王爱菊．走向主体间性的生存——教学冲突研究[D]．济南：山东师范大学，2010．

[115] 王桂平，史晓燕，郭瑞芳，等．国外关于课堂纪律问题的研究述评[J]．外国教育研究，2005（6）：77-80．

[116] 王建军．课程变革与教师专业发展[M]．成都：四川教育出版社，2004．

[117] 王丽琴，鲍森．从"课堂纪律"走向"教学秩序"[J]．中小学管理，2005（1）：22-23．

[118] 王林全．中学数学思想方法概论[M]．广州：暨南大学出版社，2000．

[119] 王美琴．从问题情境看数学与生活的联系[J]．上海教育科研，2006（1）：75-76．

[120] 王邈．行为心理学：肢体语言解读与心理分析[M]．北京：化学工业出版社，2015．

[121] 王锐生，陈荷清，等．社会哲学导论[M]．北京：人民出版社，1994．

[122] 王晓东．哲学视域中的主体间性问题论析[J]．天津社会科学，2001（5）：42-46．

[123] 王泽应．命运共同体的伦理精义和价值特质论[J]．北京大学学报（哲学社会科学版），2016 53（5）：5-15．

[124] 威尔顿著，吴玉军，等，译．美国中小学社会课教学策略[M]．北京：华夏出版社，2003．

[125] 温红博，梁凯丽，刘先伟．家庭环境对中学生阅读能力的影响：阅读投入、阅读兴趣的中介作用[J]．心理学报，2016 48（3）：248-257．

[126] 吴刚，洪建中，李茂荣．拓展性学习中的概念形成——基于"文化—历史"活动理论的视角[J]．现代远程教育研究，2014（5）：34-45．

[127] M. 希尔伯曼著，陆怡如，译. 积极学习：101种有效教学策略［M］. 上海：华东师范大学出版社，2005.

[128] 夏征农，陈至立. 辞海［M］. 上海：上海辞书出版社，1999.

[129] 肖川. 造就自主发展的人［J］. 河北教育（教学版），2005（22）：14-15.

[130] 谢智燕. 农村生活经验与英语教材的适切性问题［J］. 现代教育科学，2009（6）：87-88.

[131] 熊川武. 反思性教学［M］. 上海：华东师范大学出版社，1999.

[132] 熊川武. 教学通论［M］. 北京：人民教育出版社，2010.

[133] 熊川武. 论教学论基本问题［J］. 华东师范大学学报（教育科学版），2010 28（1）：9-15.

[134] 熊川武，江玲. 论学生自主性［J］. 教育研究，2013（12）：25-31.

[135] 徐江、张斌利和张素英. "自主学习"应当被证伪［J］. 人民教育，2013（10）：38-41.

[136] 徐学福，宋乃庆. 新课程教学案例引发的思考［J］. 中国教育学刊，2007（6）：43-45.

[137] 许良英，范岱年编译. 爱因斯坦文集（第一卷）［M］. 北京：商务印书馆，1976.

[138] 雅科布松著，王玉琴，等，译. 情感心理学［M］. 哈尔滨：黑龙江人民出版社，1988.

[139] 杨大春. 意识哲学解体的身体间性之维——梅洛-庞蒂对胡塞尔他人意识问题的创造性读解与展开［J］. 哲学研究，2003（11）：69-75.

[140] 杨道宇. 事物本身：课程理解的真正对象［J］. 教育科学，2012 28（4）：21-25.

[141] 杨国荣. 理由、原因与行动［J］. 哲学研究，2011（9）：64-72.

[142] 杨宁. 从自我调节学习的角度看家庭作业［J］. 课程·教材·教法，2004（11）：33-38.

[143] 姚计海. 论教师教学自主与创新［J］. 中国教育学刊，2012.（8）：39-42.

[144] 叶浩生. 镜像神经元：认知具身性的神经生物学证据［J］. 心理学探新，2012 32（1）：3-7.

[145] 伊曼努尔·康德著，苗力田，译. 道德形而上学原理［M］. 上海：上海人民出版社，2005.

[146] 殷世东. 作为学习方式的社会实践：考量与开展［J］. 中国教育学刊，2011（7）：29-32.

[147] 余震球选译. 维果茨基教育论著选 [M]. 北京：人民教育出版社，1994.

[148] 袁贵仁. 主体性与人的主体性 [J]. 河北学刊，1988（3）：23-29.

[149] 约翰逊著，刘春红，孙海法，译. 合作性学习的原理与技巧：在教与学中组建有效的团队 [M]. 北京：机械工业出版社，2002.

[150] 约翰·杜威著，姜文闵，译. 我们怎样思维·经验与教育 [M]. 北京：人民教育出版社，2005.

[151] 曾琦. 学生课堂参与现状分析及教育对策——对学生主体参与观的思考 [J]. 教育理论与实践，2003（8）：42-45.

[152] 曾文婕. 学习通达自由——对学习领域自由问题的新阐释 [J]. 教育研究，2008（6）：35-40.

[153] 詹姆斯·D. 马歇尔著，于伟，李珊珊，等，译. 米歇尔·福柯：个人自主与教育 [M]. 北京：北京师范大学出版社，2008.

[154] 詹姆斯·斯密特著，徐向东，卢华萍，译. 启蒙运动与现代性 [M]. 上海：上海人民出版社，2005.

[155] 张广斌. 情境与情境理解方式研究：多学科视角 [J]. 山东师范大学学报（人文社会科学版），2008 53（5）：50-55.

[156] 张豪锋，李春燕. 协作学习中的人际冲突与对策 [J]. 河南师范大学学报（哲学社会科学版），2007 34（5）：230-232.

[157] 张红宁. 当代学生人际交往心理问题分析及应对策略 [J]. 学术探索，2012（12）：88-90.

[158] 张建伟. 基于问题解决的知识建构 [J]. 教育研究，2000（10）：58-62.

[159] 张天宝. 走向交往实践的主体性教育 [M]. 北京：教育科学出版社，2005.

[160] 张掌然. 试论问题的微观特征 [J]. 武汉大学学报（哲学社会科学版），2005 58（6）：774-778.

[161] 张治. 美国中小学如何开展社会实践 [J]. 思想理论教育，2013（7下）：20-23.

[162] 赵健. 学习共同体的建构 [M]. 上海：上海教育出版社，2008.

[163] 钟启泉. 班级管理论 [M]. 上海：上海教育出版社，2001.

[164] 钟启泉. 关于儿童"自主性"发展的心理学考察 [J]. 教育理论与实践，1995（1）：9-11.

[165] 钟启泉，崔允漷，张华. 为了中华民族的复兴为了每位学生的发展《基础教育课程改革纲要（试行）解读》[M]. 上海：华东师范大学出版社，2001.

[166] 周德义. 关于"问题"的问题研究 [J]. 湖南大学学报（社会科学版），2008 22（5）：98-102.

[167] 周文叶，崔允漷. 何为教师之专业：教师专业标准比较的视角 [J]. 全球教育展望，2012（4）：31-37.

[168] 周晓燕. 自主的学生：学校教学生活中的现实建构 [M]. 北京：教育科学出版社，2012.

[169] 周英杰. 论学生身体自主 [J]. 基础教育，2016（6）：13-18.

[170] 周英杰. 学习素养：教师专业的基石 [J]. 教师教育研究，2017 29（2）：30-35.

[171] 朱铁成. 物理教学发现问题情境的创设 [J]. 课程·教材·教法，2005（9）：66-69.

[172] 朱晓民. 中小学教师学习自主性的调查研究——以山西省某市为例 [J]. 教育理论与实践，2011（10）：33-37.

[173] 祝智庭，李锋. 面向学科思维的信息技术课程设计：以高中信息技术课程为例 [J]. 电化教育研究，2015（1）：83-88.

[174] Jürgen Habermas.. Faktizität und Geltung：Beitrage zur Diskurstheorie des Rechts und des demokratischen Rechtsstaats [M]. Frankfurt am Main：Suhrkamp Verlag, 1997：17-18. // 童世骏. 没有"主体间性"就没有"规则"——论哈贝马斯的规则观 [J]. 复旦学报（社会科学版），2002（5）：23-32.

[175] Stiller. 1991. // 里德利，沈湘秦，译. 自主课堂：积极的课堂环境的作用 [M]. 北京：中国轻工业出版社，2008.

[176] 本森. 自主性研究与教学 [M]. 北京：外语教学与研究出版社，2012.

[177] 马斯洛. 动机与人格：英文（影印本）[M]. 北京：中国社会科学出版社，1999.

外文文献

[1] Adams H. W.. Justice for Children：Autonomy Development and the State [M]. Albany：State University of New York, 2008.

[2] Assor A., Kaplan H. and Roth G.. Choice is Good, but Relevance is Excellent：Autonomy-Enhancing and Suppressing Teacher Behaviours Predicting Students' Engagement in Schoolwork [J]. British Journal of Educational Psychology, 2002（72）：261-278.

[3] Atherton M.. The Relationship between Autonomy and Rationality in Education [J]. Ed-

ucational Theory, 1978 28 (2): 96 – 101.

[4] Aviram A. & Assor A.. In Defence of Personal Autonomy as a Fundamental Educational Aim in Liberal Democracies: A Response to Hand [J]. Oxford Review of Education, 2010 (1): 111 – 126.

[5] Barsalou L. W.. Grounded Cognition [J]. Annual Review of Psychology, 2008 59: 617 – 645.

[6] Baumrind D.. The Influence of Parenting Style on Adolescent Competence and Substance Use [J]. The Journal of Early Adolescence, 1991 11 (1): 56 – 95.

[7] Behfar K. J., Peterson R. S., Mannix E. A. & Trochim W. M. K.. The Critical Role of Conflict Resolution in Teams: A Close Look at the Links Between Conflict Type, Conflict Management Strategies, and Team Outcomes [J]. Journal of Applied Psychology, 2008 93 (1): 170 – 188.

[8] Benson P.. Autonomy and Oppressive Socialization [J]. Social Theory and Practice, 1991 (3): 385 – 408.

[9] Beyer B. K.. Improving Student Thinking [M]. Boston: Allyn & Bacon, 1997.

[10] Boekaerts M.. Self – regulated Learning: Where We are today [J]. International Journal of Education Research, 1999 31 (6): 445 – 457.

[11] Butler R.. Determinants of Help Seeking: Relations Between Perceived Reasons for Classroom Help – Avoidance and Help – Seeking Behaviors in an Experimental Context [J]. Journal of Educational Psychology, 1998 90 (4): 630 – 643.

[12] Cardiff S.. Critical and Creative Reflective Inquiry: Surfacing Narratives to Enable Learning and Inform Action [J]. Educational Action Research, 2012 20 (4): 605 – 622.

[13] Crittenden J.. The Social Nature of Autonomy [J]. The Review of Politics, 1993 55 (1): 35 – 65.

[14] Curry M., Jaxon K., Russell J. L., Callahan M. A., Bicais J.. Examining the Practice of Beginning Teachers' Micropolitical Literacy within Professional Inquiry Communities [J]. Teaching and Teacher Education, 2008 24 (3): 660 – 673.

[15] Cuypers S. E.. Autonomy in R. S. Peters' Educational Theory [J]. Journal of Philosophy of Education, 2010 (S1): 189 – 207.

[16] Dearden R. F.. Autonomy and Education. //Dearden R. F., Hirst P. H. & Peters R. S. (Eds). Education and the Development of Reason [M]. New York: Routledge, 2010.

[17] Deci E. L. & Ryan R. M.. The "What" and "Why" of Goal Pursuits: Human Needs and the Self–Determination of Behavior [J]. Psychological Inquiry, 2000 11 (4): 227–268.

[18] Deci E. L., Vallerand R. J., Pelletier L. G., Ryan R. M.. Motivation and Education: The Self–Determination Perspective [J]. Educational Psychologist, 1991 26 (3&4): 325–346.

[19] Dobber M. & Van Oers B.. The Role of the Teacher in Promoting Dialogue and Polylogue During Inquiry Activities in Primary Education [J]. Mind, Culture, and Activity, 2015 22 (4): 326–341.

[20] Eisner E. W.. The Educational Imagination: On the Design and Evaluation of School Programs (2nd) [M]. New York: Macmillan, 1985.

[21] Engestrom Y.. Expansive Learning at Work: Toward an Activity Theoretical Reconceptualization [J]. Journal of Education and Work, 2001 14 (1): 133–156.

[22] Engestrom Y., Miettinen R., Punamaki R.–L.. Activity Theory [M]. Cambridge: Cambridge University Press, 1999.

[23] Fielding M.. Students as Radical Agents of Change [J]. Journal of Educational Change, 2001 (2): 123–141.

[24] Fleming N.. Autonomy of the Will [J]. Mind, 1981 90: 201–223.

[25] Frankfurt H. G.. Freedom of the Will and the Concept of a Person [J]. The Journal of Philosophy, 1971 (1): 5–20.

[26] Frankfurt H.. The Importance of What We Care about [M]. Cambridge: Cambridge University Press, 1988.

[27] Gall S. A.. Necessary and Unnecessary Help–Seeking in Children [J]. The Journal of Genetic Psychology, 1987 148 (1): 53–62.

[28] Gardner S. T. & Anderson D. J.. Authenticity: It Should and Can Be Nurtured [J]. Mind, Culture, and Activity, 2015 22 (4): 392–401.

[29] Gibbs P.. Deliberation, Capability and Action Research: Knowledge and Becoming [J]. Educational Action Research, 2014 22 (3): 428–440.

[30] Hand. M.. Against Autonomy as an Educational Aim [J]. Oxford Review of Education, 2006 32 (4): 535–550.

[31] Haworth L.. Autonomy: An Essay in Philosophical Psychology and Ethics [M]. New Haven: Yale University press, 1986.

[32] Herring J.. Relational Autonomy and Family Law [M]. Cham: Springer, 2014: 1.

[33] Higgins E. T.. Self–discrepancy: A Theory Relating Self and Affect [J]. Psychological Review, 1987 (3): 319–340.

[34] Hornby A. S.. Oxford Advanced Learner's Dictionary = 牛津高阶英语词典（7th）[M]. 北京: 商务印书馆, 2007.

[35] Hudson–Ross S.. Student Questions: Moving Naturally into the Student–Centered Classroom [J]. The Social Studies, 1989 (3): 110–113.

[36] Irwin J.. What is a Reflective//Analytical Teacher? .//Brubacher J. W., Case C. W., Reagan T. G.. Becoming a Reflective Educator: How to Build a Culture of Inquiry in the Schools [M]. California: Corwin Press, 1994.

[37] Jones V. F., Jones L. S.. Comprehensive Classroom Management: Motivating and Managing Student (3rd) [M]. Boston: Allyn and Bacon, 1990.

[38] Jonnaert P., Masciotra D., Barrette J., Morel D. & ManeY.. From Competence in the Curriculum to Competence in Action [J]. Prospects, 2007 (2): 187–203.

[39] Kammi C.. Constructivist Mathematics Education with or without Piaget's Theory. // Brown P. U.. Teacher Autonomy [D]. Stillwater: University of Oklahoma, 1989.

[40] Karoly P.. Mechanisms of Self–regulation: A Systems View [J]. Annual review of Psychology. 1993 44 (1): 23–52.

[41] King A.. Discourse Patterns for Mediating Peer Learning. //O' Donnell A. & King A. (Eds.). Cognitive Perspectives on Peer Learning [M]. Mahwah: Erlbaum, 1999.

[42] LaCoe C. S. III. Decomposing Teacher Autonomy: Study Investigating Types of Teacher Autonomy and How Current Public School Climate Affects Teacher Autonomy [D]. University of Pennsylvania, 2006.

[43] Langfred C. W.. The Paradox of Self–management: Individual and Group Autonomy in Work Groups [J]. Journal of Organizational Behavior, 2000 21: 563–585.

[44] Lipka R. P., Brinthaupt T. M.. Self–perspectives across the Life Span [M]. Albany: State University of New York Press, 1992.

[45] MacKenzie & Solar. Relational Autonomy [M]. New York: Oxford University Press: 1999.

[46] Mackenzie C.. On Bodily Autonomy. // S. K. Toombs (ed.). Handbook of Phenomenology and Medicine [M]. Dordrecht: Kluwer, 2001: 417–439.

[47] Man D. C. and Lam S. S. K.. The Effects of Job Complexity and Autonomy on Cohesiveness in Collectivistic and Individualistic Work Groups: A Cross–Cultural Analysis

[J]. Journal of Organizational Behavior, 2003 24 (8): 979-1001.

[48] Markus H., Nurius P.. Possible Selves [J]. American Psychologist, 1986 41 (9): 954-969.

[49] Mill J. S.. On Liberty [M]. Indianapolis and New York: The Liberal Arts Press, 1956.

[50] Mithaug D. E. et al.. Self-Determined Learning Theory: Construction, Verification, and Evaluation [M]. New Jersey: Lawrence Erlbaum Associates, 2003.

[51] Motti-Stefanidi F.. Identity Development in the Context of the Risk and Resilience Framework. //K. C. McLean & M. Syed. The Oxford Handbook of Identity Development [M]. New York: Oxford University Press.

[52] Muhonen H., Rasku-Puttonen H., Pakarinen E., Poikkeus A.-M., Lerkkanen M.-K.. Scaffolding through Dialogic Teaching in Early School Classrooms [J]. Teaching and Teacher Education, 2016 55: 143-154.

[53] Oshana M.. How Much Should We Value Autonomy? // E. F. Paul, F. D. Miller Jr., J. Paul. Autonomy [M]. 2003.

[54] Palinscar A., & HerrenkohlL.. Designing Collaborative Contexts [J]. Theory into Practice, 2002 41 (1): 26-35.

[55] Popper K.. All Life is Problem Solving [M]. London: Routledge, 1999.

[56] Posner G. J., Strike K. A., Hewson P. W., et al.. Accommodation of a Scientific Conception: Toward a Theory of Conceptual Change [J]. Science Education, 1982 66 (2): 211-227.

[57] Reeve J.. Teachers as Facilitators: What Autonomy-Supportive Teachers Do and Why Their Students Benefit [J]. The Elementary School Journal, 2006 (3): 225-236.

[58] Reeve J.. Why Teachers Adopt a Controlling Motivating Style Toward Students and How They Can Become More Autonomy Supportive [J]. Educational Psychologist, 2009 44 (3): 159-175.

[59] Reeve J., Bolt E., & Cai Y.. Autonomy-supportive Teachers: How They Teach and Motivate Students [J]. Journal of Educational Psychology, 1999 91 (3): 537-548.

[60] Roegiers X.. Curricular Reforms Guide Schools: But, Where to? [J]. Prospects, 2007 (2): 155-186.

[61] Roth W.-M.. Reading Activity, Consciousness, Personality Dialectically: Cultural-Historical Activity Theory and the Centrality of Society [J]. Mind, Culture, and Activity, 2014 21 (1): 4-20.

[62] Schon D. A.. Educating the Reflective Practitioner: Toward a New Design for Teaching and Learning in the Professions [M]. John Wiley & Sons Inc. 1990.

[63] Skott J.. The Forced Autonomy of Mathematics Teachers [J]. Educational Studies in Mathematics, 2004 55 (1/3): 227-257.

[64] Stefanou C. R., Perencevich K. C., DiCintio M., Turner J. C.. Supporting Autonomy in the Classroom: Ways Teachers Encourage Student Decision Making and Ownership [J]. Educational Psychologist, 2004 39 (2): 97-110.

[65] Sternberg R. J., Amabile T. M., Lubart T. I. et al. Handbook of Creativity [M]. New York: Cambridge University Press, 1999.

[66] Sternberg R. J. & Sternberg K.. Cognitive Psychology (6th) [M]. Belmont: Wadsworth, 2012.

[67] Telfer E.. Autonomy as an Educational Ideal? //Brown S. C.. (ed). Philosophers Discuss Education [M]. London and Basingstoke: Macmillan Press, 1975.

[68] Trochim M. K.. The Critical Role of Conflict Resolution in Teams: A Close Look at the Links Between Conflict Type, Conflict Management Strategies, and Team Outcomes [J]. Journal of Applied Psychology, 2008 93 (1): 170-188.

[69] Van der Veen C., Van Kruistum C. & Michaels S.. Productive Classroom Dialogue as an Activity of Shared Thinking and Communicating: A Commentary on Marshal [J]. Mind, Culture, and Activity, 2015 22 (4): 320-325.

[70] Vansteenkiste M., Zhou M., Lens W. & SoenensB.. Experiences of Autonomy and Control Among Chinese Learners: Vitalizing or Immobilizing? [J]. Journal of Educational Psychology. 2005 97 (3): 468-483.

[71] WallS.. Collective Rights and Individual Autonomy [J]. Ethics, 2007 (2): 234-264.

[72] Webb N. M., Franke M. L., Ing M., Wong J., Fernandez C. H., Shin N., Turrou A. C.. Engaging with Others' Mathematical Ideas: Interrelationships among Student Participation, Teachers' Instructional Practices, and Learning [J]. International Journal of Educational Research, 2014 63: 79-93.

[73] Westlund A. C.. Rethinking Relational Autonomy [J]. Hypatia, 2009 24 (4): 26-49.

[74] Wigfield A, EcclesJ.. The Development of Achievement Task Values: A Theoretical Analysis [J]. Developmental Review, 1992 12 (3): 265-310.

[75] WilenW. W.. Effective Questions and Questioning: A Classroom Application. //Wilen W. W. (ed.). Questions, Questioning Techniques, and Effective Teaching [M].

Washington, DC: National Education Association, 1987.

[76] Wilson H. B.. The Relation of the High - School Course to the Student's Life Problems [J], The School Review, 1908 (7): 469-474.

[77] Wolf S.. Freedom within Reason [M]. New York: Oxford University Press, 1990.

[78] Zhang J.. The Nature of External Representations in Problem Solving [J]. Cognitive Science, 1997 21 (2): 179-217.

[79] Zhou M., Ma W. J., Deci E. L.. The Importance of Autonomy for Rural Chinese Children's Motivation for Learning [J]. Learning and Individual Differences, 2009 19 (4): 492-498.

[80] Zimmerman B. J.. A Social Cognitive View of Self - Regulated Academic Learning [J]. Journal of Educational Psychology, 1989 81 (3): 329-339.

[81] Zimmerman B. J.. Becoming a Self - regulated Learner: An Overview [J]. Theory into Practice, 2002 41 (2): 64-71.

[82] Zimmerman B. J.. Becoming a Self - regulated Learner: Which are the Key Subprocesses? [J]. Contemporary Educational Psychology, 1986 11 (4): 307-313.

网站

The Jigsaw Classroom [EB/OL]. https://www.jigsaw.org.

后 记

在即将写完本书的时候，我的心情十分激动，感慨良多。从进入选题到资料收集，从形成框架再到撰写完成，整个过程都离不开老师、朋友们、家人的热情帮助。在这里，谨向给予支持的所有人表达我诚挚的谢意。

首先，我要感谢我的指导老师熊川武教授。熊老师治学严谨细心，为人随和热情。在写作上，他总是以专业标准严格要求我。从选题、定题，一直到最后，熊老师始终认真负责地给予我深刻的指导。他多次从繁忙的工作中抽出时间询问我的研究进程，并为我指点迷津，帮助我开拓思路。在日常生活方面，熊老师也积极帮助我解决后顾之忧。在这里，我要诚挚地向熊老师说一声："谢谢您，熊老师。"除此以外，熊老师一丝不苟的工作作风，严谨求实的治学态度也深深地感染着我。在他身上，我可以真切地感受到学者的严谨和务实，这些都让我受益匪浅，受用终身。

其次，我要感谢读博期间指导过我博士论文的老师们。在整个过程中，你们帮助我厘清论文的概念基础，理清主题的研究思路，形成论文的框架要点，对我的论文写作提出了诸多宝贵的意见和建议。借此机会，我要对各位老师的指导、帮助表示真挚的感谢，谢谢你们。

再次，我要感谢华东师范大学教育学部与湖南师范大学教育学院的老师和朋友。通过各位老师的课程和各位朋友的交流，我不断拓展着自己的教育视野，并或隐或显地获得本研究主题方面的诸多启示。

最后，我要感谢我的家人。正是你们的不断支持和不断鼓励，我才能够毫无忧虑地读书、学习和研究。

当然，本书的最终呈现肯定与老师、朋友的期望还有很大的差距。在今后的学习和研究中，更要向熊老师这样的专家学习，以更加严谨、务实的态度，更加精益求精的作风，以期在专业论文创作上取得更大的进步。

2017 年 5 月 1 日
于图书馆